KB193767

초정리력

초정리력

초판 1쇄 발행 _ 2023년 11월 20일

지은이 _ 이재덕
삽 화 _ 최혜정
감 수 _ 강규형
펴낸이 _ 유경희
마케팅 _ 조재희
편집/디자인/제작 _ 디자인캠프
펴낸곳 _ 애플씨드북스

출판등록 _ 2017년 11월 14일 제 2017-000131호
주 소 _ 서울특별시 송파구 법원로 127 408호(문정동)
전 화 _ 070-4870-3000 팩 스 _ 02-597-4795 이메일 _ ryu4111@nate.com
인스타그램 _ @appleseed_books

ISBN _ 979-11-969215-8-3 13320

책값은 뒤표지에 있습니다.

애플씨드 북스 소개
사과 속의 씨는 누구나 볼 수 있지만 씨 속의 사과는 아무나 볼 수 없습니다.
애플씨드북스는 미국 전역에 사과씨를 심으며 개척과 희망의 상징이 된 쟈니 애플씨드를 모티브로
탄생하였습니다. 책으로 세상에 선한 영향력을 심겠습니다.

정리를 통한
새로운 인생

초
정리력

이재덕 지음

애플씨드북스

마케팅 20년차 전문가가 제대로된 독서방법을 배우고 싶어 찾아간 이재덕 작가님. 정리력과 독서법을 통해 나와 제자분들이 짧은시간 엄청 성장하였다. 이 책은 도저히 실행이 어려운 분, 아웃풋이 나지 않는 분들께 과거를 정리하고 진짜 나를 알게되는 길잡이가 될 것이다.

SNS & 마케팅 일타 강사 **유희원**(봉피디)

정리는 살림의 영역인줄만 알았습니다. 이재덕 작가님을 만난 뒤, 정리는 자기경영과 일 등 삶 전반에 필요한 작업임을 알았습니다. 정리력을 통해 공간이 정리되고, 일이 정리되니, 시간이 관리되어 일에서 성과가 나고, 삶이 업그레이드 되는 마법을 경험했습니다. 정리력 마법을 통해 이 땅의 모든 엄마들이 행복하게 성장하기를, 그를 통해 우리 아이들이 정리된 환경 속에서 삶을 잘 정리하고 경영하는 사회의 일원으로 자라나기를 진심으로 응원합니다.

에꼴드 마망 대표 **양아람 마스터**

오랜 시간 한 가지를 꾸준히 해 나간다는 것은 그 지난한 시간들이 잔뜩

묻어 있는 일입니다. 이재덕 작가님의 초정리력을 읽다 보면 '정리'라는 카테고리를 오랫동안 연구하고 쌓아온 철학을 만날 수 있습니다. 삶의 곳곳에 멈추어서 고심한 내용들과 힘 있게 걸어온 삶이 고스란히 들어 있습니다. 한 단계 한 단계 따라가다 보면 생각을 정리하고 관계를 정의하며 업무에 추진력이 생깁니다. 어느 순간 정리 프로세스에 푹 빠져들어있는 자신을 발견하실 수 있답니다. 인생의 점프업이 필요하신 분들에게 적극 추천하고 싶습니다.

제주 선우책방지기 김미진

수년 전에 이재덕 저자로부터 얻은 핵심 키워드는 '본질'이었다. 그는 언제나 화려한 스킬보다 본질에 집중한다. 나아가 사람들의 삶에 근본적인 뿌리에서부터 변화를 일으킨다. 특히, 저자를 통해 정리는 '소중한 것만 남긴다'는 것, 정돈은 '소중한 것을 엮는다'는 것이라는 통찰을 얻었다. 복잡하고 분주하게 돌아가는 세상 속에서 어느 때보다도 나를 지킬 힘이 간절히 필요한 때다. 내 인생에서 진정으로 소중한 가치에 집중하고, 그 가치를 세상에 기여하기 위해 현장에서 깨달은 지식과 경험을 엮은 이 책은 당신의 인생을 아름답게 정리정돈해줄 것이다.

삶쟁이 베스트셀러 작가 전대진

'정성'이란 말은 '이재덕'이란 사람을 위한 단어가 아닐까 합니다.
밑줄 하나 메모 하나에도 온 정성을 다하는 모습, 그 어떤 일도 정성을 다하는 모습을 보며 늘 감동하고 감탄합니다.

지금 뜻대로 되는 일이 없어 무기력하거나 방향을 잡지 못해 방황하고 계시나요? 꿈을 찾아 헤매시나요? 이재덕 작가의 책을 덮는 순간 당신의 마음에서는 희망과 꿈의 씨앗이 어느새 자라고 있을 거예요.

'활자'가 '희망'으로 바뀌는 순간을, 독서라는 도구를 통해 만나보시길 추천드립니다.

(주)건국팜 (주)바이러스 제로 대표 오강정혜 약사

어쩌다 도구에 이어 초정리력으로 다시 한번 도약하는 이재덕 작가님의 책 출간 축하드립니다.

2018년의 어쩌다 인연으로 시작해 동료이자 파트너인 이재덕 작가의 삶을 가까이서 지켜보았습니다. 정리력 강사로서 강조하는 정리력은 단순한 서류 정리를 넘어 과거의 삶을 돌아보고 정리, 정돈하며 현재 삶의 과정을 잘 담아 매뉴얼을 만들고 미래에 해야 할 일들을 설계해 성장과 성공의 삶을 꿈꿀 수 있게 해줍니다.

말 뿐이 아닌 삶으로 증명하는 강사, 삶을 글로 남겨 선한 영향력을 널리 펼치는 기버 이재덕입니다. 지치지 않는 열정으로 한국을 넘어 글로벌에 전해지는 초정리력이 되기를 기도합니다.

3P자기경영연구소 홍지숙 마스터

초정리력을 통해 인생을 변화시키는 "정리의 힘"을 알게 되었습니다.

더하고 채우기만 하려던 제게 이재덕 저자가 수년간 시도하고 적용한 비움과 정리방법은 삶에서 진짜 소중한 것이 무엇인지 확인하게 해주었어요. 여러분도 이 책을 통해 정리의 미학을 발견하시길 바랍니다.

3P자기경영연구소 윤혜성 마스터

정리의 정석을 몸소 보여주시는 이재덕 작가님을 만나 저의 흐트러지고 혼란스러운 상황에서 마음의 질서를 찾게 되었습니다. 그러한 질서가 바로 '정리'가 아닐까합니다. 정리정돈이 잘된 것은 보는 이의 마음도 편안하게 합니다. 언행의 정리, 관계의 정리, 내면과 외면의 정리는 진정 '정리'에 '힘'이 있다는 것을 알 수 있었습니다.

'초정리력' 제목에서부터 엄청난 힘을 느낄 수 있듯이, 정리를 위해 어딘가를 떠날 계획인가요? 그렇다면 '초정리력' 하나로 깔끔하게 정리해보시길 추천드립니다.

대한생활체육복싱협회 장관식 사무총장

나의 정리력 인생은 재덕마스터님을 만나기 전후로 나누어집니다. 작은 학원 두 곳을 운영하면서, 원장실에 쌓여만 가는 서류들에 지쳐갈때 마지막 희망으로 찾아갔던 "정리력특강" 버리기와 바인더로 자리찾기를 하면서 지금은 어디서든 편하게 일할 수 있는 환경을 만들었습니다. 이 책을 통해 저처럼 많은 분들이 서류무덤에서 해방되시기를 기원합니다.

수학의 힘 대표 정훈 원장

나비의 마력을 가진 이재덕 작가님.

살아가면서 좋을 때나 슬플 때나 어렵고 힘들어 삶이 고통으로 다가오는 순간에도 믿음을 갖고 한결같은 진심으로 사람을 대하는 모습을 보며 독서를 통한 정리력의 힘을 배우게 되었습니다. 또한 기업독서를 통해 대표와 직원이 행복한 기업으로 성장할 수 있도록 전심을 다해 도와주셨습니다. 전세계에 나비(나로부터 비롯되는)의 힘으로 축복의 통로를 만들어 갈 이재덕 작가님을 응원하고 축복합니다.

독서리더, 교보생명 프라임리더 이신숙

정리할 것인가? 정리될 것인가?

2017년 4월 1일 만우절, 거짓말 같은 일이 벌어졌다. 불과 몇 년 전만 해도 독서는커녕 책도 구매하지 않았던 사람이다.

어느 순간 독서를 통한 생각의 정리, 마음의 정리, 표현의 정리를 통해 인생이 정리가 되기 시작했다. 그렇게 만들어진 〈초정리력 교육〉 수많은 분들이 정리력 교육을 통해 성장하고 변화했다. 이제는 더 많은 분들이 더 제대로 경험할 수 있도록 하는 바람으로 펜을 들었다.

"프로세스는 개선될 수 있다."

아무리 생각해도 더 멋진 표현을 생각하기 힘들다. 완벽하지 않은 내가 완벽한 결과만 바라보고 머뭇거릴 때, 뼈가 아닌 삶을 때리는 강규형 대표의 금쪽 같은 조언!! 그 조언을 바탕으로 부딪히고 깨진지 이제 딱 11년의 시간이 지났다. 그 시간 책만 읽지도 않았고 강의만 하지도 않았다. 많은 분들에게 교육하고 솔루션을 제시하고 그들의 삶 속 과정을 통한 개선을 도왔다.

프로세스 이코노미

2021년 최고로 큰 인사이트를 준 책!! 기존 아웃풋 중심의 경제가 이제는 프로세스 중심으로 많이 바뀌고 있다.

이 책은 그런 삶의 성장과 변화, 더불어 프로세스 개선의 결과물이다. 더 제대로 변화될 수 있게 제대로 활용하는 방법을 전해 드리겠다.

1장을 통해 정리의 정의와 동기부여를 받으시길 바란다.

2~4장을 통해 3단계에 걸친 초정리력의 디테일한 How to를 경험하기 바란다. 3단계의 핵심 개념은 버림을 통한 정리, 분류를 통한 정돈, 채움을 통한 매뉴얼이다. 순서가 너무 중요하니 가급적 2, 3, 4장의 순서로 읽기를 강력히 추천한다.

마지막 5장은 단순히 정리가 서류 분야에만 국한되는 게 아니라 본질과 핵심을 파악하면 어느 분야에서도 집중할 수 있고 그로 인해 성과가 난다는 것을 정리했다.

쉬운 말로 모든 분야의 일상 정리력이 가능하다는 이야기이다. 5장은 본인이 필요한 것 중심으로 발췌해서 보고 필요할 때마다 재독하고 활용하길 바란다.

수강생들에게서 가장 많이 들었던 소감!!
"서류 정리 배우러 왔다가 인생이 정리되어 갑니다!"

이 글을 읽는 여러분도 같은 감동과 울림을 받으시길 바란다.
자 이제 정리의 환상 속으로 함께 여정을 떠나보자!!

PART 1

정리 그까이꺼 대충하면 되지

1단계 정리 버림을 통한 정리력

2단계 정돈 분류를 통한 정리력

PART 4

3단계 매뉴얼 채움을 통한 정리력

PART 5

Me親 사람들의 필살기, 정리력

마치는 글

감수자의 글

정리 그까이꺼
대충하면 되지

뭣이 중헌디!?

#1 곡성

관객에게 미끼를 던진 영화, 《곡성》!!

이 한 편의 영화에 대한 파장波長은 매우 컸다. 이 영화를 보는 관객들은 매 순간마다 내내 손에 땀을 쥐었었다. 그러나 영화를 본 사람마다 각기 다른 해석을 쏟아내기 바빴다.

오랜 독서를 통해 줄거리를 파악하듯 영화 또한 상황을 해석하는 힘이 많이 길러진 줄 알았다. 그러나 완전히 착각이었다. 이 영화를 보는 내내 내용을 도통 이해하지 못했다.

포스터는 대개가 그 영화의 핵심을 담고 있다. 후에 《곡성》 포스터를 보고 나서는 그저 쓴웃음을 지을 뿐이었다.

"절대로 현혹되지 마라!"

그렇다. 이 영화는 관객들에게 던져진 미끼 그 자체였다. 감독의 의도였는지는 모르겠지만 결과는 많은 관객들이 의심하며 혼란스러워했다.

《초정리력》에서 갑자기 뜬금없이 웬 지난 영화 이야기를 한다고 생각하는가?

이 글을 읽고 있는 당신께 전하고 싶다.

무엇이 중요한 지를 알지 못한다면 우리 인생은 늘 덜 중요하고 불필요한 것들에 현혹될 뿐이다.

#2 소통

평소 강의를 하다 보면 의도치 않은 오해로 인하여 애매한 상황이 많이 발생한다. 그럴 때마다 생각한다.

'저 분은 왜 내 말을 오해할까!' 그렇지만 곰곰이 생각해 본다면 그것은 오해한 것이라기 보다는 상대방과 제대로 된 소통을 하지 못한 게 원인일 것이다.

말이라는 것은 무섭다. 아무리 화려하게 포장하여 표현한다 해도, 말하는 의도를 100% 정확히 상대방에 전달하기는 쉽지 않기 때문이다.

수없이 들었던 교육에서 다시 말로 하는 교육에 소통의 한계를 격하게 경험한 적이 있다.

어느 강사와 수강생의 대화를 들어보자.

"자 여러분 종이 한 장을 꺼내보세요. 그리고 그 종이를 반 접어주세요. 자~ 그런 다음 접은 종이를 다시 반으로 접어주세요. 또 다시 반듯한 직사각형 4개의 귀퉁이 중에서 한 군데를 다시 살짝 접어주세요. 그리고 이제 펴서 그 접힌 부분을 찢어주세요."

다들 어리둥절해하면서도 고분고분 강사의 지시를 따랐다. 그리고 마침내 마지막 지시가 이어졌다.

"찢고 난 후 종이를 활짝 펼쳐 주세요. 그 다음 주변을 둘러보면서 본인과 다른 분들의 작품을 한번 훑어보세요."

그러자 얼마 후 수강생들은 서로 보며 멋쩍은 웃음을 지었다. 그것은 각기 다른 사고思考를 가진 사람이 만든 것처럼 작품들이 각기 모양새가 기괴하였기 때문이다.

여기서 중요한 것은 대부분의 작품이 제각기 달랐다는 점이다.

강사의 마지막 말에 고개를 크게 끄덕이며 모두들 감탄을 했다.

"이렇게 말로만 소통하게 되면 나의 의도와 상관없이 제대로 전달되지 않을 수 있어요. 그렇기에 소통을 하시려면 말을 줄이고 직접 보여주셔야 해요."

타인과의 제대로 된 소통에 대해서 다시 한 번 생각해보길 바란다.

#3 청소의 힘

정리의 중요성을 뼈저리게 느끼게 해준 한 권의 책이 있다. 바로 《청소력》이다.

이 책은 2013년 4월에 있었던 '독서경영 기본과정' 수업의 교재였다.

나는 평소 청소에는 관심도 없었다. 사실 싫어하는 것에 가까웠다.

그런 상황에서 아무런 기대도 없이 우연히 만난 한 권의 책. 나는 그 책을 읽고 눈빛이 살아나기 시작했다.

어느 날 서울에서 교육을 마치고 집으로 오자마자 방에 있는 먼지를 제거했다. 그 다음 평소 더럽다고 생각했던 화장실도 청소를 하며 변기 또한 맨손으로 정성스럽게 청소했다. 그렇게 하다 보니 신기하게도 전에 없던 활력이 내 몸을 감돌았다.

평소 9시에 겨우 일어나던 내가 이후부터는 4~5시만 되면 눈이 떠지는 놀라운 변화에 새로운 삶을 체험해야 했다. 그때부터 시작된 서울 유학 생활이 8개월이 되었으며 그 기간 동안 50번이나 서울행을 반복할 줄 그 누가 알았겠는가!

《청소력》은 그 이상 책이 아닌 인생의 멘토이다. 나는 8년의 세월 동안 그 책을 읽은 횟수만 무려 100번 이상 된다. 그러다 보니 지금은 청소의 힘을 강력하게 믿는다.《청소력》저자 '마쓰다 미쓰히로' 역시 무기력함을 청소로 극복하고 성공 가도를 달리고 있다. 그로 인해 나 역시 성공으로 가기 위해 부단히 성장하고 있는 것이다.

이와 같이 나의 이야기로 인해 지난날 나처럼 무기력한 삶을 살았던 분들에게 제대로 된 청소의 힘을 경험하길 진심으로 바라며 응원과 찬사를 보낸다.

"청소에는 힘이 있다. 밑바닥에서 올라오는 힘, 다시 일어날 수 있는 힘. 그런 청소를 통해 내 인생에 제대로 된 정리를 맛보도록 하자!!"

02

정리가 그토록 어려운 이유

우리는 대부분 청소의 필요성을 알고 있다. 반면에 정리의 중요성 또한 잘 알고 있다. 그럼에도 불구하고 정리가 호락호락 진행되지 않는 데에는 그 만한 이유가 있다.

바로 완벽주의와 아웃풋 이미지의 부재, 그리고 그 다음으로 마음의 문제이다.

이 3가지 이유에 대해 좀 더 깊이 생각해보자.

#1 완벽주의

많은 분들이 독서경영 기본과정 수업에서 《청소력》을 통해 청소와 정리의 중요성을 실감한다.

그 예로, 수업 중간에 침을 튀기면서 집에 가서 정리를 제대로 할 것이라고 발표하기도 한다. 그러나 신기하게도, 1주일이 지나면 '내가 언제 그랬냐?'는 분들이 많이 나타난다. 이런 성향을 가만히 들여다보면 이런 분들은 정리를 못하거나 안 한다고 하기 보다는 대체로 본인이 설정해 둔 기준 자체가 너무 높은 경향이 있어서이다.

'한 번 시작해서 다 정리되는 게 아니면 더 이상 정리 시작하기도 싫어!, 손을 대면 어디까지 해야 될지 겁이나!, 나는 모든 게 완벽하게 해야 하므로…' 등의 여러 가지 이유가 있다.

이쯤에서 한번 생각해보자.

사람은 누구나 완벽한 존재가 아니다. 본 태생이 완벽하지 않은데, 어떤 일을 할 때에 너무나 집착해서 완벽해야 할 필요가 과연 있겠는가!

우리는 걸음걸이를 떼기 위해 수만 번 넘어졌다 일어서기를 반복했다. 또 수학 문제 하나 풀기 위해서 수많은 종이에 오답들을 적어나갔다. 그렇게 넘어지고 틀리는 과정을 통해서 성장이라는 친구를 만나온 것이다. 정리라고 다르겠는가? 정리를 해 나갈 때, 완벽하게 정리하는 것보다 정리하는 '힘'을 기르는 것이 더 중요하기 때문이다.

어린 시절 바닷가에서 모래성을 쌓아 올린 경험이 있을 것이다. 그때 모래성이 바닷물에 휩쓸려 가면 어떤 생각을 했는가? '하.. 내가 이걸 어떻게 만들었는데'라고 푸념하지는 않았는가?

같은 상황에서 저자 퀜트키스의《그래도》라는 책에 등장하는 한 소녀는 이렇게 말한다.

'모래가 바다로 다시 돌아가네~'

모래성을 소유하는 것보다는 그 모래성을 쌓아 올리는 성취의 기쁨과 행복을 즐기는 보람, 이 부분이 내겐 너무나 큰 울림이었다. 성과보다 더 필수적인 것은 성취와 성장의 '과정을 통한 경험'이란 것을 깊이 깨달았다.

정리도 마찬가지다. '완벽한' 정리와 유지를 염려한다면 시작하기조차 쉽지 않다. 일단 정리를 해내려는 주체로 살아야겠다는 마음을 가지고 시작해보아야 한다. 그러다 보면 정리에 대한 근력筋力이 생기면서 나름의 기준이 더욱 명확해질 것이다. 그러므로 제발 완벽하게 준비해서 시작하지 마시길 바란다.

사람답게, 자연스럽게. 그래 그렇게!!

#2 아웃풋 이미지의 부재

임영균 저자의 《업무의 신》이라는 책을 통해 삶과 업무에 있어서 중요한 깨달음을 얻었다. 바로 '아웃풋 이미지'라는 개념이다.

우리는 처음에 시도하기를 두려워한다. 그리고 어떻게 하든 시작은 하더라도, 끝 마무리는 못하는 경우가 많다. 왜 그럴까? 그 해답이 '아웃풋 이미지'에 있다.

일을 잘하는 사람들과 반대로 그렇지 않은 사람들은 시작부터 다르다. 전자는 일이 끝난 후의 모습이 생생하게 그려진 상태에서 일을 시작한다. 반면 후자는 마지막 모습이 어떨지 미처 제대로 그리지 못한 채로 시작한다.

일만 그럴까? 피터드러커 교수는 《최고의 질문》에서 우리에게 인생 최고의 질문을 던진다.

> "중요한 것은 우리가 스스로에게 끊임없이 되물어야 한다는 것이다. 우리는 왜 이 일을 하는가, 우리의 일의 목적은 무엇인가, 그리고 우리는 마지막에 어떻게 기억되고 싶은가."

어떻게 기억되고 싶은가. 이 마지막 질문이 가슴에 깊이 박혔다. 그래서 나름대로 묘비명을 만들어 보았다.

"정성스럽게 살다 가다. 정성스럽게, 과정에 집중하며, 공헌을 꿈꾸던 사람 잠들다."

묘비명 덕분에 하루하루 더 들여다보게 되고 집중하게 된다. 이것이 '아웃풋 이미지'의 힘이다. 위와 같이 나는 정성과 과정, 공헌에 삶의 기준을 두고 살아가고 있다.

과연, 당신은 인생에 어떤 핵심의 가치를 가지고 살아가는가!?

이 개념을 정리에 적용해보길 바란다. 정리가 된 후의 깔끔하고 정리 정돈된 상태의 이미지를 검색해보고, 그것을 출력해서 붙여 보라. 그리고 그 모습이 머릿속에 제대로 각인 되도록 반복해서 그려라. 이게 진짜인지 가짜인지 모를 정도로 그리다 보면 이상하게 없던 힘이 생길 것이다. 아니, 원래 있던 힘이 나타난다는 말이 더 맞겠다.

업무, 삶, 정리에 있어서 '아웃풋 이미지'를 생생하게 그리는 것만으로도 기존에 만나지 못한 '즉시 실행'의 기쁨을 맛볼 수 있을 것이다.

지금 당장 내 공간이 정리가 된 '천사의 공간'의 모습부터 찾고, 그것을 그려보자.

#3 마음의 문제

"사람의 모든 감정과 생각은 라이프 스타일로 일관되게 드러난다."

– 알프레드 아들러Alfred Adler

정리는 단순히 보이는 것에 대한 문제가 아니다. 그보다 더 중요한 것이 있다. 바로 보이지 않는 것, 즉 마음의 정리가 동반된 문제이다.

오랫동안 생각에 잠기게 했던 S사 휴대폰 광고의 문장이 떠오른다.

'See the Unseen보이지 않는 것을 보라!!'

보이지 않는 것, 인생에서 가장 중요한 것, 본질적인 것. 그 중에서도 가장 중요하고 본질적인 게 사람의 마음이 아닐까 한다.

《방 정리 마음 정리》라는 책의 저자 사하라 미와는 정리 컨설턴트이다. 저자는 책에서 '아들러 심리학'을 바탕으로 우리에게 잘 맞는 공간을 갖도록 돕는다.

정리와 심리학을 결합한 이 책은 단순히 방을 정리하게 하는 것이 목적이 아니다. 정리를 못하는 스스로를 돌아보고, 자신을 위한 에너지를 충전하는 삶 속 공간을 재구성하는 것에 중점을 두고 있다. 결국 긍정의 에너지가 샘솟는 자신만의 공간을 갖는 것을 정리의 최종 목적으로 삼는 것이다.

잠시 글에서 눈을 떼고 내 방 또는 내가 있는 공간을 둘러보라. 그리고 마음의 파동을 느껴보라. 잔잔한 호수 같은가, 아니면 폭풍우가 몰아치는 대서양 같은가!?

나는 평소에 정리와 청소를 바탕으로 사람들을 많이 만난다. 그러면서 느끼는 건, 삶과 공간이 밀접한 관계가 있다는 것이다. 최근에 가본 공간 중에 가장 편안하고 기분이 좋았던 곳은 어디인가? 여러 곳이 있겠지만, 혹 생각이 나지 않는다면 5성급 호텔을 떠올려 보라. 들어서는 순간 나도 모르게 대접 받는 느낌이 든다. 숙소에서 경치가 좋은 바깥을 내다보면 마음이 편안해진다. 이런 개념을 이해하면서부터 삶 속에서 작은 적용을 하고 있다.

강사로서 강의를 잘 하는 것보다 더 중요한 것이 있다면, 바로 강의를 잘할 수 있도록 환경을 먼저 장악하는 것이다. 강의를 위해 여러 곳에 가게 되는데, 그때마다 사전에 공간 정리를 한다. 그것은 마음에서 이기고 들어가기 위해서이다.

한번은 강의 차 대구에 간 적이 있었다. 당시 보조강사였던 나는 강의가 있는 하루 전날 대구에 내려갔다. 그리고 의례적으로 그랬듯이 사전에 강의장을 둘러보았다. 그리고 나를 포함한 우리 팀 4명은 담당자의 양해를 구한 후 곧바로 강의장 정리를 시작했다. 먼저 빗자루로 쓸고 닦았다. 그 다음엔 교육생들이 앉게 될 책상과 의자를 세팅하고 정리 정돈했다. 끝으로 대걸레질하고 창문을 열어 환기한 후에야 그곳에서 철수 했다. 바로 공간 정리의 개념을 이해하고 있었기에 그렇게 할 수 있었다.

강의 날 참석하신 많은 수강생 분들이 매우 흡족해하는 모습이 보였다. 이토록 깔끔히 정리 정돈된 상태에서의 교육은 드물었기 때문이다. 이날 8시간 교육이 끝나자 10명이나 되는 분들이 3개월 과정에 신청을 하셨다. 기간도 기간이지만 220만원이라는 고가의 수강비용을 생각하면 엄청 많은 숫자이다. 교육을 다 마친 후 담당자가 하는 말을 들으니, 그 숫자가 나온 이유를 알 수 있었다.

"청소와 정리의 힘을 몸소 보여주는 모습에서 말로만 멋들어지게 하는 교육이 아니라는 깊은 확신이 들었어요."

담당자는 청소할 당시에는 내심 못마땅했지만, 이런 교육기관은 처음이라 그날의 시간이 충격적인 사건으로 남았다고 한다.

핵심은 이렇다. 우리가 그렇게까지 정리 정돈을 한 이유는, 우리가 이 교육을 대하는 정성의 마음을 보여주는 방법이라고 생각했기 때문이다. 책 안의 지식이 죽은 게 아니라, 이렇게 살아 고스란히 삶 속에 스며들 수 있음을 확신 시켜주고 싶었기 때문이다.

"Out of sight, out of mind."

눈에서 멀어지면 마음에서도 멀어진다고 했던가!

이렇게 표현하고 싶다.

"Changing your mind will get your life organized."

03

진짜 인생은 정리 후에 시작된다!

#1 진짜 인생

"여러분 진짜 인생은 언제 시작될까요?"

'오피스 파워 정리력'이라는 강의에서 제시하는 답은 이렇다.

"진짜 인생은 정리 후에 시작됩니다."

오피스 파워 정리력이란 무엇인가?

삶 속에서 잃어버린 나의 '자존감'을 찾아주고 업무의 '효율'을 올려주는 게 정리력이다.

자존감과 효율. 이때 중요한 것은 순서이다. 효율과 생산성에 앞서 자신의 존재감을 찾기를 바란다.

정리에 대한 교육을 하면 많은 분들은 정리에 대한 기술을 기대하고 오신다. 하지만 처음부터 기술적인 부분을 언급하지 않는다. 1, 2시간에 걸쳐서 왜 이런 정리가 필요하고 정리의 본질이 무엇인지 등을 사례를 중심으로 설명한다. 그러다 보면 수강생 분들은 급하게 정리에 대한 스킬을 구하던 마음을 내려놓고, 본연의 자신을 들여다보기 시작한다. 열심히 보낸 일터에서의 모습들, 잠시 잊고 지냈던 소중한 것들에 대한 마음 등, 이때 자신을 제대로 들여다보기 시작하면 마음이 열리고, 어떤 이야기도 다 받아들일 준비가 된다.

"서류 정리하는 스킬 배우러 왔다가, 인생 전체에 대한 정리가 되어 돌아간다."

교육이 끝난 후 가장 많이 들었던 표현이다. 그렇게 이야기해주실 때마다 너무나 뿌듯하다. 왜 그럴까? 바로 내 삶을 통해 경험했던 것을 고스란히 전해드렸다는 뜻이기 때문이다.

2013년 서울에 교육을 받으러 오기 전의 모습이 떠오른다.

#2 정리는 너의 운명

2011년, 2년에 걸친 호주 유학이 무색하게 보험회사에 입사했다. 그 후 2년간 미친 사람마냥 일에 열중했다. 한 주에 무려 세 건의 계약을 47주 동안 연속으로 했다. 또 보험회사에서 일 잘하는 사람의 척도 중 하나인 '우수 인증 설계사' 자격도 취득했다. 그러면서 늘어나는 고객 분들을 통해 업에 대한 소명의식도 가지게 되었다. 당시 처음엔 그랬다.

그러나 삶에서 오랜 시간을 함께한 소중한 인연과의 헤어짐은 쓰라렸다. 그때부터 일상은 기대보다는 무기력이, 행복보다는 우울이 자리를 차지했다.

9시 업무시작인 회사에 8시 58분에 허겁지겁 도착해 출근 도장만 잠시 찍고 차에 가서 2시간 쪽잠을 잤다. 그러다 어둑해지면 굴속으로 들어가는 하이에나처럼 매일 'Bar'에 가서 'H'맥주를 5병 이상씩 마셨다. 워낙 자주 가니 고정석이 있을 정도였다.

현실이 싫었다. 말짱한 정신으로 삶을 대하기가 너무 부담스러웠다. 그렇게 꼬박 1년을 살았다. 당시 내겐 내일도 없었고, 오늘 또한 내 몫이 아닌 듯 했다.

'정리를 할 것인가? 정리 될 것인가?'

문득 내가 이렇게 살 필요가 있을까!? 하는 의심이 머릿속을 가득 채우기 시작했다. 마치 귀신에 홀린 사람처럼 눈은 떴지만 보는 게 없었고, 옆에 사람은 있었지만 고독하고 쓸쓸했다. 오로지 혼자 떨어진 느낌이었다. 그렇게 세상으로부터 조용히 정리가 되고 있던 차였다.

#3 원래 아닌 '근래'

밑져야 본전이라지만, 밑질 것도 없었다. 또한 밑질 기회도 없었다. 그래서 평소 안 해본 짓을 하기 시작했다. 평생 저기 들어가면 큰일 날

거라 생각했던 'K 문고'에 들어섰다. 순간 낯설어 죽는 것만 같았다. 나만 제외하고 자연스러워 보이는 사람들의 모습에 부담감이 밀려왔다. 그렇게 책은 보지도 못한 채 3장의 CD만 들고 급히 나왔다.

참 이상했다. 그 많은 CD 중에 3장, 특히 '성과를 향한 도전'이라는 녀석이 눈에 들어왔다. 나중에 알게 되었지만 그것은 '피터 드러커' 교수의 유명한 책 제목이기도 했다. 그러나 그 CD는 책과는 별개의 이야기를 담은, 어느 강사님이 목이 터져라 외치고 있었다.

그가 바로 새로운 삶을 인도한 생명의 은인 '강규형'대표이다. 1시간 남짓한 그의 CD를 들으면서 심장이 터지는 줄 알았다. 순간 뭔지 모르게 행동하고 싶어졌다. 그리고 작은 것이라도 도전하고 싶어졌다. 아니 이제부터 그렇게 살고 싶어졌다.

먼저 '3P바인더'라는 다이어리를 구하고 싶었다. 지금은 쉽게 구할 수 있지만, 당시에는 포털 사이트에 검색해본들 도무지 찾기 힘들었다. 어렵사리 겨우 찾아서 인생 처음으로 '교육'에 대한 투자비용을 지불했다. 그렇게 함으로써 순탄하게 인생의 변화를 맞이할 것만 같았다. 그러나 택배로 받은 다이어리는 내겐 정말 너무 먼 당신이었다.

도무지 어떻게 사용해야 할지 감이 서질 않았다. 그 어느 누구도 알려줄 사람이 없는 막막하기만 한 상황이었다. 하는 수 없이 다시 인터넷에 검색하여 모든 카페의 자료를 모두 출력을 했다. 자그마치 500장 이상이었다. 그 자료들을 하나하나 읽어보고 정리해나가야 했다.

진심으로 말씀 드리고 싶다.

'원래'라는 단어를 멀리하길 바란다.

원래 잘 하는 사람, 원래 잘 웃는 사람 등 그런 사람은 절대 없다고 생각한다. 오히려 '근래'가 더 맞는 말이다. 처음엔 그렇지 못했지만, 꾸준한 시도와 개선을 통해서 근래엔 그렇게 변한 것이라고. '시도'라는 단어를 새롭게 정의한 적이 있다.

'See Do'

세상을 제대로 바라보고, 뭐라도 실행하라는 말이다.

세상을 직면하기 시작했다. 이제부터 바닥을 찍은 것이었으니 겁날 게 없었다. 얼른 일어서서 나아가기만 하면 된다.

'원래' 잘 하지 못했던 나도 정리를 통해 변해가고 있었다. '근래'에 들어서 잃어버린 자존감을 찾고 생산성과 효율이 많이 올라가고 있다. 이제부터는 바로 당신의 차례다!!

'Just SeeDo It!!'

04

3명의 저자에게 정리 틀을 접하다

2013년부터 미친 듯이 책을 읽기 시작했다. 그 때 만났던 소중한 책들 중 특별한 한 권의 책이 바로 대니얼 코일의 《탤런트 코드》이다. 수많은 사례와 뇌 과학의 연구 성과를 바탕으로 '특별한 능력'의 이면에 숨어있는 강력한 법칙들을 밝힌 책이다.

"위대함은 타고 나지 않는다."

꾸준한 노력과 좋은 환경만으로 설명되지 않던 재능의 법칙을 세 가지 코드로 밝히고 있다. 바로 심층 연습, 점화장치, 마스터 코칭이다.

그 중 세 번째 코드인 마스터 코칭은 우리의 인생에서 멘토나 코치를 만나는 것 같은 가슴 떨리는 일이다. 어렵게 시작한 자기계발에서 나도 몰랐던 독서와 정리력 부분에 대한 재능을 찾을 수 있게 도와준 세 분의 마스터 코치 저자 분들을 소개한다.

#1 마쓰다 미쓰히로

첫 번째 마스터 코치는《청소력》의 저자 '마쓰다 미쓰히로'이다. 그는 청소에 대한 책만 30권 이상을 집필한 청소 분야의 선구자이다. 얼굴 한 번 본 적 없지만 책이나 강의를 통해서 워낙 자주 접하고 있기에 늘 알고 지내던 어른 같다.《청소력》의 두께가 얇기에 처음엔 가벼운 마음으로 펼치지만 덮을 때는 묵직한 무엇에 한 방을 얻어맞는 사람들이 많다.

청소라는 행위 속에 숨겨진 '력力'에 대한 본질을 전해주고 있기 때문이다. 그를 통해 수많은 사람이 청소와 독서를 시작하고 있다. 내가 힘들 때 마다 초심을 다지기 위해서 찾아보는 책이기도 하다.

사실 '오피스 파워 정리력'이라는 강의와 전작인《어쩌다 도구》, 그리고 지금《초정리력》이 모두 이 책에서 비롯되었다고 해도 과언이 아니다.

이 책을 3가지 키워드로 정리했다. '-제거 청소력', '+끌어들이는 청소력', '21일 파워법'.

처음엔 큰 의미 없이 정리했지만, 이후 수차례 곱씹어보며 아래의 개념이 도출되었다.

'버림을 통한 정리력' from '-를 제거하는 청소력'
'분류를 통한 정리력' from '+를 끌어들이는 청소력'

버림	분류	채움
-제거함	+끌어들임	+21일 파워법

'채움을 통한 정리력' from '21일 파워법'

덧붙이자면, 정리력에서 가장 우선시 되어야 할 중요한 개념이 바로 -(제거)이다. 정리 정돈을 하면서 좋은 기운을 찾는 개념이 +(추가)이고, 그 행위를 21일 동안 습관을 잡으면서 축적하는 것을 매뉴얼화하는 기간으로 정리하였다.

다시 한 번 인생의 큰 기준을 안겨준 마쓰다 미쓰히로님께 감사의 인사를 전하고 싶다.

#2 곤도 마리에

두 번째 곤도 마리에는《인생이 빛나는 정리의 마법》,《설레지 않으면 버려라》,《버리면서 채우는 정리의 기적》등 정리에 대한 책을 많이 썼을 뿐 아니라 정리에 대한 교육과 컨설팅을 하는 작가로, 일명 곤마리 정리법이라는 자신만의 정리 브랜드가 있을 정도로 이 분야에서 유명하다.

곤도 마리에 작가를 통해서 인생의 핵심 철학을 새기게 되었다.

'진짜 인생은 정리 후에 시작된다.'

그녀는 이성적인 표현보다는 감성적인 표현을 사용하여 정리가 안 되는 사람들의 마음을 어루만져 준다. 그의 작품을 접하는 순간 '나만 그런 게 아니었구나!, 이제 나도 할 수 있겠다!'라는 마음까지 갖게 해 준다.

그의 책을 읽던 중, 물건에 대한 정의가 바뀌는 순간을 경험했다.

'나와 물건과의 감정적인 관계를 설정해서 불필요한 물건은 과감하게 버리고, 남아있는 물건은 소중히 여기는 자세가 필요하다.'

나와 물건과의 감정적인 관계라니? 이때부터 정리를 대하는 태도가 180도 바뀌었다. 단순히 기술적인 이성적 판단이 아닌 마음과 감정에 대한 부분을 같이 고민하게 된 소중한 개념이다.

저자의 여러 권의 책을 통해서 정리에 대한 전반적인 큰 틀을 알게 되었다. 또한 저자가 정리를 통해 사람들을 돕는 모습을 보면서 '정리력'을 통해 세상에 공헌하고 싶다는 마음까지 가지게 되었다. 곤도 마리에 작가는 고마운 2번째 마스터 코치이다.

#3 고야마 노보루

존경하는 멘토 강규형 대표는 참 대단한 분이다. 그래서인지, 어느 순간부터 강규형 대표의 모습을 그대로 따라하고 있는 나를 발견하곤 한다.

한번은 그가 8시간의 강의를 지치지 않고, 멋지고 신나게 해내는 모습을 보고 비결을 여쭤어본 적이 있다. 그가 말한 비결은 '기능성 신발'이었다. 그때서야 신발이 눈에 들어왔다. 그 신발은 일반 구두와는 차원이 달랐다. 한 번 신어보니 구름 위를 걷는 기분이 들었다. 그만큼 무릎에 부담도 안가고 너무 편했다. 나도 그 신발을 착용한 후로는 2시간만 지나도 허리와 무릎이 아팠던 과거의 기억과 깨끗하게 결별하게 되었다.

강규형 대표를 따라하는 행동이 또 하나 있다. 특정 저자의 책은 내용을 보지 않고 즉시 구매하는 것이다. 이를테면 강규형 대표는 《더 딥》으로 유명한 세스 고딘의 책은 무조건 구매한다. 그리고 피터 드러커 교수님의 책도 마찬가지로 구매한다. 존 맥스웰, 짐 론, 류랑도 등, 그중에서도 모든 작가들을 통틀어 가장 많은 영감을 얻는 작가가 있다. 바로 (주)무사시노의 '고야마 노보루'이다.

세 번째로 소개하는 고야마 노보루는《매출이 200% 오르는 아침 청소의 힘》을 비롯해 경제 경영의 실무적인 책을 많이 쓴 저자이다. 그는 일본을 대표하는 기업가라고 하는 게 더 맞다.

　강규형 대표가 이토록 그의 책을 찾는 이유는 이렇다. 그는 2001년부터 무사시노의 경영 기법을 알리는 경영 컨설팅 사업을 시작해 현재까지 700개 이상의 기업을 지도해 오고 있다. 전국 각지에서 개최하는 그의 강연과 세미나는 최강의 현장 전략으로 정평이 나 있다. 이론이 아닌 실제로 감이 아닌 현장을 개선한 그의 실무 역량을 높이 평가하기 때문이다. 안타깝게도 작가를 직접 대면하기 쉽지 않은 상황이기에, 실무적인 도서들을 통해서 본질적인 내용들을 파악하고 회사 업무 전반에 적용하려는 시도를 끊임없이 해오고 있다.

　3P자기경영연구소에 입사하지 않았다면, 혹 강규형 대표와 함께 일하지 않았다면 이런 저자가 있는지도 모르고 살았을 것이다. 모든 면에 감사하기 그지없다.

　저자의 가치를 알게 된 것은 그의 청소에 대한 철학을 이해했을 때였다. 아침 청소 30분이 하나의 경영 전략인데, 이 '청소'가 단순한 청소가 아니라 바로 '현장 경영'이라는 정의를 내렸다. 책 속에는 현장 경영의 사례가 사진들과 함께 수두룩하게 수록되어 있다.

　앞에서 '마쓰다 미쓰히로', '곤도 마리에' 작가들이 정리와 정돈을 이야기했다면, '고야마 노보루' 작가는 청소와 정리 정돈을 통한 성과를 이야기한다.

즉, 정리 정돈을 통해 절약을 하고 보이지 않는 낭비를 잘 줄여야 한다는 것이다. 더불어 더 좋은 매출을 올리고 좋은 성과를 내기 위해서는 현장 경영을 통한 매뉴얼화를 해나가면 좋다. 이렇게 세 분의 마스터 코치를 통해 방향성을 정한 후 몰입하였다.

저자들이 마스터 코치 역할을 해준 것처럼, 이 글을 읽고 계신 독자분들의 좋은 마스터 코치가 되기 위해 《초정리력》에 대한 이야기를 하나씩 풀어가 보겠다.

05

3단계 정리력으로
인생의 행복 23배 올리기

2016년 1월, 중요한 프로젝트를 맡게 되었다. 이름하여 '정리력 프로젝트'. 그러나 결과는 아무것도 없었다. 그저 프로젝트만 먼 산처럼 느껴질 뿐이었다.

이후 강규형 대표를 비롯한 회사 기획팀과 함께 먼저 전체의 그림을 그렸다. 3회에 걸친 미팅을 진행한 후 고독한 싸움이 시작되었다. 정말 무식할 정도로 집중하여 진행했다. 당시 배경 지식이 전혀 없었기에 기댈 곳은 오직 책이었다. 처음에는 《청소력》한 권으로 시작했다. 이후 관련 도서들을 모으면서 정리, 정돈, 습관, 청결 등 많은 키워드를 연구하게 되었다. 초기에는 '3정 정리력'이라는 이름으로 틀을 잡았다.

'과거를 정리하고, 현재를 정돈해서, 미래에 정성을 들이자.'

얼마간의 시간이 흐르자 결과에 만족했다. 그러나 직관적이지 않다는 판단 하에 다시 정리했던 것이 '정리, 정돈, 습관'이었다. 하지만 여전히 어색하게 느껴졌다. 그래서 당시 진행했던 프로세스를 조금 공유하고 싶어졌다.

우선 관련 키워드에 관한 책들을 열심히 모았다. 단 한 페이지라도 연관성 있는 책들을 모두 모았다. 온라인 서점, 오프라인 서점, 회사에 있는 책들, 주변 사람들에게 추천을 받는 등 당시 머릿속에는 온통 '정리 정돈'으로 가득 차 있었다. 그렇게 관련 서적들을 모으는 게 선행되어야 했다.

이후 모은 책들을 사전 독서한다. 표지와 목차, 프롤로그, 에필로그 등을 빠르게 훑어본다. 이렇게 하는 것은 일반적인 독서와 다르다. 명확한 목적에 부합하는 것을 찾는 개념이다. 찾은 부분에는 줄도 치고, 색인을 넣거나 인덱싱을 한다. 사전 독서를 마친 책들이 늘어갈수록 어설프게나마 큰 흐름이 잡히기 시작한다.

그러자 다음은 꼼수가 발동하게 된다. 혼자서 읽고 줄 친 책을 정리하는 것에는 한계가 있다. 그래서 나는 저가로 외주를 했다. 거의 무료에 가깝게. 평소 책을 좋아하는 사람에게 책을 정리해주길 부탁했다. 덕분에 수많은 책의 1.0버전의 정리본이 PPT로 어설프게 만들어졌다. 그렇게 만든 PPT가 거의 2,000장 가까이 되었다. 무엇보다도 우선적으로 양을 채우는 것이 중요했다.

이 기회에 오랫동안 단순 노동을 하면서도 기쁘게 도와준 나의 아내 윤혜란 님께 지면을 빌려 감사의 인사를 전한다.

정리 된 책의 요약 PPT를 출력한다. 당시 경험상 흑백 출력을 추천한다. 그래야 빨간색 등 색깔 펜으로 수정하기가 쉽고 또 불필요한 부분을 제거하거나 순서와 흐름의 조정을 쉽게 할 수 있다. 아직 디자인을 하지 않는 것이 중요한 포인트이다. 원고를 간추려 보니 대략 700장 분량의 PPT가 완성되었다.

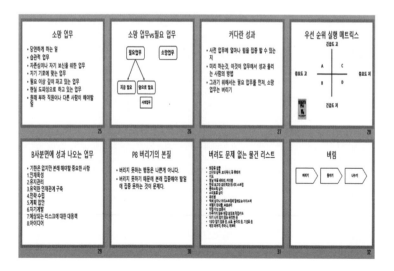

그다음으로 그 위에 디자인을 입힌다. 색깔을 넣고, 글자의 크기를 조정하고, 이미지를 첨부하는 작업이다. 마지막 마무리를 한 후에는 상황을 보고한다.

중간 중간 상황을 보고하며 공유하는 것은 너무나 중요하다. 나중에 애써 만든 자료가 황당한 결과를 맞지 않기 위해서는 의사소통을 구체적으로, 자주 해야 한다는 것을 잊지 않길 바란다.

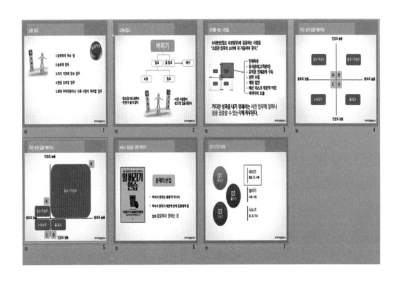

치열한 과정을 거쳐 양적인 자료가 정리가 되었다면 큰 흐름을 잡아야 한다. 당시 '김승호 대표'의 《생각의 비밀》이 내게 큰 영감을 주었다.

그 작품의 목차 중에 '세 가지 문장으로 6,000억 시장을 뚫는다.'가 가장 먼저 눈에 띄었다. 저자는 'Fresh'라는 단어를 새롭게 정의 했다. '신선한'이 아니라, '고객이 보는 눈앞에서 직접 만드는 것'이라고 하였다. 그것을 'Show Business', 그런 회사를 'Full Service 도시락 컴퍼니'라고 정의했다. 이처럼 원래 있거나 다른 의미였던 단어를 새롭게 정의 내리는 것을 '워딩파워'라고 명명했다.

한마디로 상대의 머릿속에 구태의연하고 식상한 개념이 아니라 참신하고 차별화된, 세상에 없던 것을 각인 시키는 것이다. 이때부터 나는 책을 읽거나 교육을 들으면 나만의 워딩을 하기 시작했다.

중학교 시절부터 같이 공부하는 친구들이 지루해 보일 때 마다 말장난을 하곤 했다. 썰렁하고 재미없는 말장난을 수도 없이 아주 많이 오래도록 했다. 그것도 양이 차니 흘러넘치는 것만 같았다. 하지만 세월이 흐른 지금은 그런 류의 이야기는 거의 하지 않는다. 다만 나름의 필터를 거쳐 위트 있고 의미 있는 이야기들이 많이 나오기 시작했다. 그래서 김승호 대표가 워딩파워 또는 워딩력이라고 정의 내린 것을 한번 또 정의 내려 보았다. '라임rhyme력'이라고.

이런 '라임'과 새로운 '워딩'으로 이 책의 가장 핵심적인 개념이 나오게 되었다.

'정리, 버림을 통한 정리력'
'정돈, 분류를 통한 정리력'

비우고, 분류하고, 채우는 〈초정리력〉

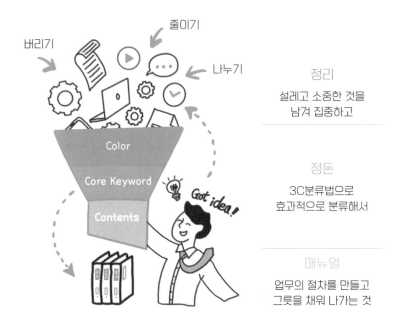

줄이기

버리기

나누기

정리
설레고 소중한 것을
남겨 집중하고

정돈
3C분류법으로
효과적으로 분류해서

매뉴얼
업무의 절차를 만들고
그릇을 채워 나가는 것

'매뉴얼, 축적을 통한 정리력'

비우고, 분류하고, 채우는 '초정리력'.

이제 삶의 전환점으로 들어가 보겠다.

PART 2

1단계 정리
버림을 통한 정리력

06

정리의 의미

#1 정리

정리란 '필요한 것과 필요하지 않은 것을 분명히 나누어, 필요 없는 것을 과감하게 버리는 것'이다.

정리를 한다면서 어설프게 나누고 대충 버리고 있지는 않은가? 멈 칫거리며 버리지 못하고 있지는 않은가?

아침에 뭘 입을지 생각하며 옷장을 연다. 그러나 가득 찬 옷들 중에 정작 오늘 입고 나갈 옷은 보이지 않는다. 과연 언제까지 이 옷들을 다 간직하고 있을 것인가? 그러면서 당신을 고민하고 생각하게 만드 는 것, 바로 이것이 마이너스 자장이다. 책상 서랍을 열 때마다, 차를 운행하며 트렁크를 열 때마다, 하물며 휴대폰과 컴퓨터 배경화면을 볼 때마다 마이너스 자장은 당신에게 영향을 주고 있다. 그런 이 마이 너스 자장을 언제까지 방치만 할 것인가?

더 이상 생가 말고 과감하게 버려라. 그것이 정리다. 평상시 우리는 늘 '집중이 안 된다'고들 이야기한다. 심지어는 이 책을 읽고 있는 지금도 마찬가지다. 핸드폰에는 온갖 가십이 날아오는 어플들이 있다. 대개가 보편적으로 '언젠가' 쓸모가 있다는 생각에 쉽게 지우지 못한다. 매사에 집중이 되지 않는 환경에 놓여있으니 집중이 안 되는 것은 당연한 결과이다.

'의지 싸움'을 하지 말라.

의지, 재능, 노력과 싸우지 말고 당신의 환경과 싸워라.

저명한 벤저민 하디의《최고의 변화는 어디서 시작 되는가》의 원제는《Willpower Doesn't Work》이다. 말 그대로 의지로는 싸울 수 없다는 것이다. 그러므로 나 또한 이 책을 통해 '환경설계'라는 중요한 개념을 얻게 되었다.

이 개념을 알게 된다면 더 이상 아이들에게 청소해라, 정리해라 말할 필요가 없는 것이다. 예컨대 남자 아이들이 모여 있는 곳에 농구 골대를 설치하고 한쪽에 쓰레기통을 설치해 둔다면, 분명 운동시설의 놀이터로 여길 것이다. 이로 인해 쓰레기를 제자리에 버릴 수밖에 없는 환경이 설계되는 것이다.

하지만 이 경우 환경설계로는 충분하지 않다. 자발적인 '능동적 환경설계'가 필요하다. 스스로가 왜 해야 하는지를 명확히 알고 하는 것과 반면에 타의에 의해서 하는 것과는 완전히 다른 이야기이다.

지난 날 당신이 성장했던 때를 한번 떠올려보라. 당시 타의에 의해서 폭발적인 성장을 하는 경우는 거의 없었을 것이다.

나는 이 책을 쓰는 것을 '집필'이라고 생각하지 않는다. 다만 당신이라는 독자와 함께 보고, 읽으며 인생의 전환점을 맞는 일이라고 생각한다. 그런 거룩한 부담을 안고, 온전한 집중으로 당신을 만나고 있는 것이다.

다시 한 번 '정리'를 아는가? 란 본질적인 정리의 의미에 대해 깊이 생각해 보기를 바란다. 나는 n년간 삶 속의 많은 자산들 중, 서류에 관한 정리를 중심으로 강의를 해왔다. 그런데 수강생 대부분이 자신의 '삶'이 정리되었다고 말하고 있다.

정리는 삶의 본질을 건드리는 것이 아니다 라고 생각한다. 그것은 Touch the core, 핵심을 건드리는 것이다. 본질을 건드리면 삶의 변화는 나타날 수밖에 없다.

#2 정리의 3가지 유형

정리에는 3가지 유형이 있다.

버리기, 줄이기, 나누기.

많은 사람들이 정리를 버리는 것이라고만 생각한다. 그러므로 쉽게 버리지 못하기에 늘 정리가 되지 않는다. 버리는 것은 고차원적인 행동이다. 그래서 많은 의지와 결단을 요구한다. 일단 한 번에 다 버리기

정리의 3가지 유형

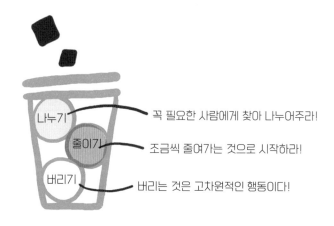

나누기 — 꼭 필요한 사람에게 찾아 나누어주라!

줄이기 — 조금씩 줄여가는 것으로 시작하라!

버리기 — 버리는 것은 고차원적인 행동이다!

보다 먼저 조금씩 줄여보라. 그리고 그 다음으로 나누어보라.

나눈다는 것은 내가 가진 것을 누군가한테 주는 것이 아니다.

나누기란, '나보다 더 잘 맞는 사람을 찾아주는 것'이다. 혹 내가 갖고 있는 모든 것들이 모두 다 나의 것이라고 생각하고 있지는 않는가? 아니 정확하게 말하자면 그것들은 잠시 나에게 왔을 뿐이다. 나보다 더 잘 맞는 주인에게 가는 것이 맞는 것이다.

나는 이 책을 나의 것이라고 생각하지 않는다. 이 책은 잠시 나에게 왔을 뿐이고, 나보다 더 필요한 당신에게 가서 빛을 발할 것이라 확신한다고 말 할 수 있다.

그러므로 버리지 말고 줄이거나 나누기를 적극 추천한다. 처음부터 완벽하게 버리기가 아니라, 조금씩 줄여가는 것으로 시작하라. 그리고 꼭 필요한 사람을 찾아 나누어주라. 그러면 점차 적극적으로 버릴 수 있을 것이다.

그러다 보면 어느 순간부터 결단력이 생길 것이며 고차원적인 판단으로 행동하는 당신을 스스로 발견하게 될 것이다. 버리기란 그런 힘이 있기 때문이다.

#3 내 삶의 자산 정리 프로세스

꺼내 펼치기

정리에서 가장 선행되어야 하는 것은 한 눈에 보일 수 있도록 꺼내 펼치는 것이다. 서류, 옷, 지갑, 연락처 등 모든 것은 눈에 보일 때 비로소 정리할 마음이 생긴다. 우리 사람이라는 존재는 참으로 신기할 뿐이다. 꼭 눈에 보여야만 뭔가 하게 된다.

필자는 정리력 강의를 준비하며 아내에게 이렇게 말하곤 했다.

"여보, 그래도 내가 명색이 정리력 강사인데, 우리 집부터 함께 정리를 해봅시다."

아내는 자신에게 맡겨두라며 옷장으로 향했다. 그리고 옷 하나를 빼

내고서는 '언젠가 입지 않을까?' 한참을 고민하는 것 같았다. 정리 시작한지 30분 뒤에서야 겨우 옷 한 벌을 버리는데 성공했다. 그것을 보는 순간 답답한 마음에 옷을 모두 꺼내어 바닥에 펼쳐보자고 제안했다. 이 기회에 제대로 환경을 바꿔보자는 마음에 아예 길바닥에 옷들을 펼쳐 내게 되었다. 그렇게 하자 신기하게도 아내는 봉투를 가져와 여러 벌을 버릴 수 있는 것이었다. 그것은 이사할 때 모든 가구가 집 밖으로 나오면 한없이 초라해 보이는 것과 같은 이치이기 때문이다.

"익숙함과의 결별 그리고 낯설음으로의 여행"

누에고치는 기존의 테두리 안에서 탈피하지 않으면 그 안에서 죽어버린다. 우리의 인생도 마찬가지다. 새로운 나를 만나기 위해서는 익숙한 환경으로부터 새로운 환경을 향해 계속 탈피해야 한다. 그러므로 우리는 서서히 무뎌지며 생명력을 잃어가는 모습으로 마주하지 않길 바랄 뿐이다. 한때나마 그렇게 살아왔던 이전의 내 모습처럼 말이다.

대구 토박이로 살아온 나는 서울에서는 절대 살지 못하리라 생각했다. 그 까닭은 환승의 두려움이 있었기 때문이었다. 지난날 대학교 1학년 때만 해도 대구에는 지하철이 1호선 밖에 없었으며, 대구와 인접했던 나의 고향은 하루에 버스가 네 번만 다니는 외딴 지역이었다.

그때 당시에 자기계발을 한다는 것은 너무나 어려운 일이었다. 다

꺼내어 펼치기

모든 환경을 될 수밖에 없는 시스템으로 바꿔라!

만 혼자서 의지 싸움을 해야 했을 뿐이었다. 그럼에도 불구하고 서울에 자기계발 세미나를 들으러 8개월 동안 50번을 왕복할 수 있었던 이유는, 도심지인 서울에 가면 환경이 설계되기 때문이었다. 그곳의 사람들과 함께 있었기에 책을 읽고 성장할 수 있었다. 그러다가 지금에 와서는 자기경영연구소에서 정리와 셀프리더십 강의를 하며 살아가게 되었던 것이다.

환경에 관해 생각해 보지 않았을 때에는 독서나 자기계발조차에도 관심이 없었다. 그러나 환경을 바꾸니 아니 할 수가 없어졌다. 그래서 모든 환경을 될 수밖에 없는 시스템으로 바꿔야하는 것이다. 그것이 환경설계이다. 꼭 해야 하는 시스템이 '의지'라면, 될 수밖에 없는 시스템이 '환경'이다.

꺼내서 펼쳐버려라! 그러면 거기서부터 시작이 된다.

무슨 정리이든 마찬가지이다. 하나를 꺼내서 정리할까 말까 고민하지 말라. 아예 바닥에 모든 물건을 펼쳐버려라. 그런 다음 안 쓰는 것은 버리고, 남는 것은 나누고, 필요한 것만 넣어두어라.

07

이성적 기준

#사용빈도별 분류

제대로 꺼내 펼쳤다면 이제부터는 명확한 기준을 가지고 정리를 할 수 있다. 그 기준은 크게 2가지로 나뉜다.

'이성적인 기준, 감성적인 기준'

이성적인 기준은 다시 사용 빈도별 분류와 중요도별 분류로 크게 나뉜다. 먼저 사용 빈도별로 분류하는 3보1폐에 대해 알아보겠다.

3보 1폐

'보존'

기억이나 추억과 관련되어있으며, 6개월 이내에 활용 가능한 서류이다. 그렇다면 이들만 잘 보존하라. 살펴보면 당장은 급하지 않은데

3보 1폐

활력을 쏟아 일할 수밖에 없는 환경설계

두고 있으면 좋을 것 같은 '소망' 서류들이 대부분이다. 바로 이것이 당신의 발목을 잡고 있지는 않는가?

'보관'

현업, 주업과 관련되어 자주 활용하는 서류를 말한다. 즉, 없어서는 안 되는 서류들이다. 보존과 보관만 잘 활용해도 삶의 생활 중에 많은 부분이 정리될 것이다.

'보류'

보존할지 보관할지, 당장 판단이 어려운 임시 서류를 뜻한다. 그러하니 처음부터 잘 구별하기는 어렵기에 보류가 필요하다.

여기서 핵심은 '데드라인'을 적는 것이다. 어느 시점까지 쓰지 않으면 버리겠다는 날짜를 명시해 두어야 한다. 만약 날짜가 없다면 그저 기록 덩어리에 불과하다. 데드라인을 적는 순간 '라이프라인'이 생긴다. 중요한 것은 사용하지 않아 이미 죽은 자료에다 날짜를 기입하는 것만으로도 살아있는 자료로 탈바꿈시킬 수도 있는 것이다.

'폐기'

6개월 이상 사용하지 않는, 유효기간이 끝난 서류를 말한다. 사람마다 가지고 있는 서류의 양은 다르기 때문에 최소 1개월, 최대 6개월을 사용하지 않을 경우에 폐기처분할 것을 권장한다.

혹시 폐기의 개념이 생소하여 가슴에 잘 와 닿지 않는 것인가? 나는 처음 폐기에 관한 설명을 들었을 때 그랬다. 그 때 《실리콘밸리의 폐기경영》은 이렇게 말해주었다.

'혁신의 출발은 폐기에서 시작한다.', '스스로 버리지 못하면 버림받게 된다.'

만약 계속해서 버리지 못한다면, 그 물건들이 당신을 발목을 잡고 좌지우지 할 것이다. 그리고 계속해서 당신의 집중력을 가로챌 것이다.

철학자 화이트 헤드는 이렇게 말한다. 버리는 이유는 살고, 잘 살고, 더 잘살기 위한 것이라고.

포기가 소극적이고 수동적인 선택이라면, 폐기는 적극적이고 능동적인 '행동'이다.

경영은 새로운 것의 흡수와 낡은 것의 폐기가 반복되는 과정이다. 돌아보면, 우리는 보통 흡수하기만 한다. 기존의 것은 그대로 둔 채 새로운 것을 계속 받아들이기만 한다. 마치 회사에서 팀장이 되었는데도 계속 사원처럼 일하는 것과 같다.

앞으로의 경쟁은 '누가 더 많이 움켜쥐는가'가 아니라, '지금 쥔 것을 누가 더 빨리 버리는가'로 판가름 날 것이다. 우리는 이기심을 서둘러 버리고, 이타심을 포기하지 않고 꼭 쥐고 있어야 한다.

이 책을 읽는 것만으로 끝내서는 안 된다. 무엇보다 지금 당장, 이 책을 덮고 3보 1폐를 실천하라. 즉시 실천하지 않으면 계속 변하지 않을 것이다. 당신을 방해하는 주변 것들을 속히 제거하고, 다음으로 집중할 환경을 만들라. 그런 다음 곧바로 활력을 쏟아 일할 수밖에 없는 환경을 설계하라.

《시간력》에서 관리를 한다는 것은 의욕 있는 시간을 찾아내는 것이라고 말한다. 또한 그 시간에 생산성이 높은 일을 하는 것을 바로 시간관리라고 한다.

그렇다면 현재 당신의 상태를 한번 뒤돌아보라. 만약 집중이 잘 되고 있지 않다면 벌써 지고 있는 싸움을 하고 있는 것인지도 모른다. 당신은 시간이 없어서 할 일을 못하는 것이 아니다. 우선적으로 정리와 3보1폐를 통해 에너지를 관리할 수 있어야 한다.

강의를 8시간 할 때, 모든 식사를 생식으로 대체하곤 했다. 소화할 에너지를 아껴 강의에 보태는 것이다. 내가 활력 있는 시간인 6시 반 ~8시 반에는 메시지에 답장을 하고, 동료들과의 중요한 안건을 처리한다. 그리고 그 다음 시간에는 전화를 받는 사람과 함께 일을 하곤 한다.

시간을 기록해 본 적이 있는가?

흘러가는 시간을 어떻게 보냈는지 파악한 적이 있는가? 또 어느 시간대에 생산성이 가장 높은지 알고 있는가?

만약 어느 요일에, 어떤 날씨에, 어떤 시점에 일이 잘되고 일이 잘 풀리는지 알게 되었다면, 어떻게든 그 날과 그 시간을 확보하여 중요한 일들을 그때 반드시 처리하라. 안 되는 시간에 꾸역꾸역 억지로 할 일을 하지 말라.

《어쩌다 도구》 집필 당시, 기획은 1년이 걸렸으나 실제로 글을 쓴 것은 3주였다. 평상시 늘 어떤 내용을 쓸지 생각했기에 하루에 약 30p 씩 쓸 수 있었다.

《시간력》의 저자는 책상에 앉는 순간에 책을 쓰기 시작한다면 그것은 이미 진 싸움이라고 했다. 시작 전에 어떻게 끝날지 생각하면 바로 일이 진행된다.

일의 결과가 보이지 않는 상태이기에 지금 무엇을 하고, 하지 말아야할지를 고민하게 되는 것이다.

이 책을 펼칠 때, 무슨 서류를 정리할지 생각하였는가?

그렇지 않다면 먼저 무엇을 분류하고 정리할지에 대한 고민을 깊게 해보아야 한다.

이성적인 기준 두 번째는 중요도별 분류이다. 정리력에 대한 공부를 하고 고민할 때, 이 파트를 통해 생산성을 많이 끌어올렸다. 집중해서 보면 큰 도움이 될 것이다.

#중요도별 분류

필요 vs 불필요

앞서 언급한 것처럼 '뭣이 중헌디?'를 늘 삶 속에 던져라. 그리고 덜 중요하고, 불필요한 것들을 적극적으로 버려라.

필요 vs 소망

불필요한 것을 폐기한 뒤 남은 서류를 필요할지도 모르는 것(소망)과 필요한 것(필요)으로 나누라.

소망업무라 함은 당연하게 하는 일, 습관적 업무, 자기 기호에 맞는 업무, 현실 도피성 업무, 부하직원이나 다른 사람이 해야 할 업무를 말한다. 즉, 가짜업무를 말한다.

진짜 일과 가짜 일을 구분해야한다. 당연하다고 하는 일에 대하여 물음표를 던져라. 당연함을 부정할 때 일의 본질이 드러날 것이다.

주업무 vs 사전업무

필요업무는 현재 필요한 일인 주업무와 앞으로 중요해질 일인 사전업무로 구분할 수 있다.

이해를 돕고자 아이젠하워의 '우선순위 매트릭스'에 대한 개념을 조금 수정하여 정리해보았다.

- 급하지 않고 중요하지 않은 일은 폐기하라.
- 급하지만 중요하지 않은 일(소망업무)은 최대한 줄여라.
- 급하고 중요한 일(주업무)는 잘 유지하라.
- 급하지 않지만 중요한 일(사전업무)에 몰입하라.

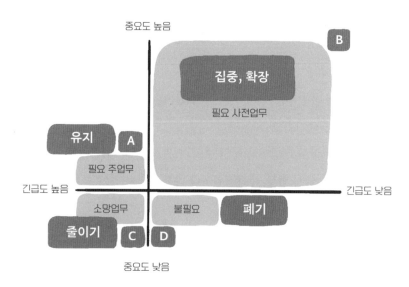

이 중 사전업무가 가장 중요하다. 여기에 얼마나 집중하는가에 향후 업무의 생산성이 달려있다.

대부분 사람들이 사전업무는 전혀 하지 않고 있을 것이다. 그것은 일의 주체가 되어본 적이 거의 없을 것이기 때문이다. 성과를 내는 사람들은 필요 사전업무에 집중한다. 필요 사전업무란 인재육성, 유지관리(고객관리), 전략 수립, 아이디어 도출 등의 업무를 말한다.

나는 한때 전직 보험 설계사였다. 그때 당시 보험 계약은 꽤 잘했다. 그러나 신규 계약을 위해 열심히 뛰다보니, 기존 계약자들에게 상대적으로 소홀해졌다. 전화를 못 받는 등 고객관리를 잘 못하자 결국엔 이탈하는 고객이 생기기 시작했다. 그 후엔 신규 계약도 안 되는 악순환에 빠지게 되었다.

그런데 10년 이상 장기 근속하던 선배들은 왠지 모르게 여유 있어 보였다. 계약에 목매지 않는 당당한 모습이 당시 이해하기 어려웠다. 그러나 나중에서야 그들이 계약보다는 고객들 유지와 관리에 더욱 집중했다는 것을 알게 되었다. 그때 한 선배가 했던 말은 정말 가슴에 와 닿는 본질이었다.

"재덕씨, 보험 설계사가 가장 핵심적으로 다루어야 하는 일은 계약이 아니에요. 기존 계약자가 보험을 잘 유지하고 이해하고 있는지 챙겨주는 거예요. 연금액의 변화나 보장의 필요 유무, 그리고 가장 중요한 보험금 지급 관련된 것을 제일 먼저 챙겨야한답니다. 그게 오래 가는 지름길이에요~"

사전업무를 몸소 실천하고 계셨던 선배님, 이 못난 후배는 이제야 깨닫습니다.

"큰 성과는 사전업무에 얼마나 집중할 수 있는 지에 따라 좌우된다."

사전업무의 주업무화

즉, 사전업무의 주업무화를 만들어내야 한다.

인재육성, 유지관리(고객관리), 전략 수립, 아이디어 도출

위 표현들이 친숙하지는 않는가? 바쁘게 일하는 사람들에겐 그저 남의 이야기일 것이다. 관심이 있더라도 편하게 내 것으로 소화하기 힘든 녀석들이다.

2018년 9월에 팀원과 함께 2019년의 목표를 세우기 시작했다. 이에 대해 영문도 모르는 사람들은 황당한 일이라고 의문스러워 반문할 것이다 그도 그럴 것이 당시 시기가 9월이었기 때문이다. 무슨 연간계획을 전년도 9월에 잡는단 말인가?

하지만 연간계획은 단번에 완성되는 것이 아니다. 대표님과의 수차례의 소통과 보고를 통해 거듭해서 갈고 닦아져야만 한다. 어떻게 보면 한 해의 작업 중 가장 중요한 작업이라 할 수 있다. 그 과정을 거쳐 12월 말에야 다듬어진 목표로 나타난 연간계획을 만날 수 있었다.

그 결과, 팀장의 자리에 오른 후 처음으로 목표 달성에 도달해서 환희의 기쁨을 맛보게 되었다. 최초 정했던 목표에는 미달이었으나 이후부터 치열하게 고민하면서 살아있는 목표를 설정하려 노력했다. 그러자 이 시기를 바탕으로 2020년에는 좀 더 정교한 목표 설정이 가능할 수 있었다.

사전업무를 치열하게 고민하면 어떤 일이 발생할까? 그 결과는 주업무의 영역이 더 탄탄하고 순탄하게 흘러간다.

많은 사람들이 월간 계획을 세운다. 아니 바인더에 적는다는 표현이 더 맞을 것이다. 매월마다 계획은 있지만 그 시초의 출발은 조금 초라하다. 고민의 흔적이 보이지 않는다. 35년을 그렇게 살아온 내 모습이 그랬다. 하지만 지금은 많이 달라졌다. 실행보다 앞서 더 중요한 것은 치열한 사전계획과 사전 업무 목표설정 때문이었다는 것을 비로소 그때서야 느껴야했다.

"이것이 바로 사전업무의 힘이다!!!"

2016년 1월에 시작해 2017년 4월 1일 '오피스 파워 정리력'이라는 유료 강의 콘텐츠가 오픈되었다. 1년 4개월에 걸친 사전업무가 주업무가 되는 순간이었다. 이제 주업무를 넘어 핵심 업무가 된 순간이었다.

주업무가 누구나 할 수 있는 일을 내가 하는 것이라면, 핵심 업무는

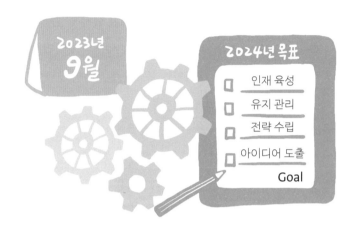

아무도 못하는 것을 내가 하는 것이라고 말하고 싶다. 정리의 '정'에 대한 개념도 없던 사람이 사전업무에 매달려 주업무를 만들어 낸 것이다.

이 순간 또 다시 느낀다. 너무 바쁜 지금. 왜 '지금' 나는 글을 쓰고 있는 것인가?

그것은 이 글이 책이 되고 콘텐츠가 될 때, 또 하나의 사전업무가 주업무화 될 것이란 걸 확신하기 때문이다. 현재 당신이 하고 있는 일이 어떤 의미인지, 어떤 이미지가 그려질지를 아는 사람은 지금 나의 이야기가 가슴에 크게 와 닿을 것이라 생각한다.

진정 당신이 바쁘다고 생각하는가? 바빠서 바쁜 것인지, 바쁘려고 바쁜 것인지 잘 한 번 생각해보길 바란다. 이것은 화를 내거나 다그치려는 것이 아니다. 너무나 소중한 개념이기 때문에 이렇게 흥분해서 이야기를 하는 것이다. 다시 한 번 외치고 싶다. 사전업무가 주업무화 될 것이란 걸!

"사전업무의 주업무화!!!!!!!!!!!!!!!!!!!!!!!!!!!!!!!!!!!!!"

08

감성적 기준

이성적인 기준에 이어 감성적인 기준을 설명해보겠다.
크게 3가지로 정리된다.

• 얼마나 설레는가?
• 얼마나 소중한가?
• 그것들을 통해 얼마나 집중할 수 있는가?

《인생이 빛나는 정리의 마법》의 저자 곤도 마리에는 이렇게 말한다.

"설레지 않으면 버려라."

본래 정리를 통해 가려내야 하는 것은 버릴 물건이 아닌 '남길 물건'이다. 또한 정리는 방이든 물건이든 자신이 행복해지기 위해 정리하는 것이다. 이렇듯 나는 그녀의 책을 통해 정리라는 것이 지극히 이성적인 행동이라고 생각했던 편견이 스스로 많이 깨어졌다.

　필요 없는 것을 버리기보다는, 소중한 것을 남겨라.

　이 개념이 마이너스(-)에서 플러스(+)로 발상을 전환 시켜주었다. 이내 심장이 '쿵' 내려앉는 문장을 만나 가슴에 안겼다..

　　"정리는 자신이 소중하게 생각하고 진짜 좋아하는 일을 찾아내는 재고 조사이다."

　대부분 가진 물건에 대한 재고조사는 하더라도 본인 스스로에 대한 재고 조사는 하지 않을 것이다. 우리는 본래 빛나는 별과 같은 존재이다. 그러나 지금은 주변의 잡동사니와 부정적인 사람과 각종 사건들과 사물들로 인해 그 빛이 가로막혀있다. 부디 빛나는 본연의 자세와 모습을 보여주길 바란다. 그렇다면 지금 당장 손에 닿는 거리에 있는 잡동사니부터 제거해 보자.

　덧붙여 감성적인 기준을 마지막으로 정리하면 이렇다.

　"설레고 소중한 것에 집중하라."

　《일 버리기 연습》을 통해 버리기가 단순한 행동이 아니라는 것을 크게 깨달았다.

'버리기는 성과를 잘 내는 사람들의 행동 패턴이다. 그러기에 버리는 것은 용기 있고 고차원적인 행동이며, 중요한 것을 잘 찾아낸다는 뜻이다.'

계속해서 이렇게 말한다.

'버리지 못하는 것 자체가 나쁜 것은 아니다. 다만, 버리지 못함으로 본래 집중해야 할 영역에 집중하지 못하기 때문에 버리는 연습을 해야 하는 것이다.'

지금 주변의 공간을 둘러보라.

그러면 집중해야 할 것들이 눈앞에 펼쳐져있는가? 아니면 도대체 어디에 눈을 둬야 할지 잘 모르는 상태인가?

게임 끝!! 답은 벌써 나왔다.

더 이상 집중할 수 없는 것들한테 당신의 소중한 공간을 허락하지 않길 바란다.

09

무엇을 버려야 할까?

'작은 성공을 위해서는 플러스, 원대한 성공을 위해서는 마이너스가 필요하다.'

사람에게 주어진 시간은 24시간 공평한데 왜 누군가는 다른 이들보다 더 많은 일을 해내는가?

《원씽》의 저자 제이켈러는 이런 해답을 준다.

'그들은 중요한 일이 무엇인지 알았고 중요한 일에만 파고들었던 것이다.'

파고든다는 것은 무얼까? 그것은 바로, 가장 중요한 일MIT-Most Im-portant Task에 집중하는 것이다. 우리는 모든 일이 다 중요하다는 생각으로 일을 진행하다가도 집중이 잘 안 되곤 했다. 탁월한 성과는 MIT

에 얼마나 집중할 수 있는가에 달렸다. 할 수 있는 일은 다른 모든 일을 무시하고, 오직 해야만 하는 일에 집중해야 한다. 그렇다고 당신은 혹시 돋보기를 들고 이리저리 흔들고 있으면서 불이 붙기를 바라고 있지는 않았는가?

> '삶의 우선순위를 정해놓지 않는다면 다른 사람이 내 삶의 우선순위를 정할 것이다. 내가 주도적으로 시간을 기록하지 않고 관리하지 않는다면 다른 사람의 시간을 따라가게 될 것이다.
>
> — 그렉 맥커운'

《에센셜리즘Essentialism》의 저자 그렉 맥커운은 비非에센셜리스트와 에센셜리스트, 두 부류로 설명한다. 비에센셜리스트에게는 모든 것이 다 중요해 보인다. 반면, 에센셜리스트는 중요한 것들을 볼 수 있다. 그리고 거기에 초超집중을 한다.

이 책의 뒤표지를 보고 인생의 모토로 삶의 한 구절을 만나게 되었다.

less but better(deeper)!

각 분야에서 크게 성공한 사람들은 자신의 일과 삶에서 '더 적게 그러나 더 좋게'를 실천한다. 이 말은 의욕 있는 시간에 생산성이 높은

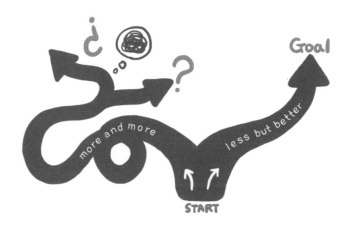

One-thing에 집중하라!

일을 했다는 말이다.

우리는 어떠한가? 혹시 'more and more'의 덫에 빠져있지는 않는가?

'20:80'의 법칙으로도 유명한 파레토 법칙은 핵심적인 소수의 법칙이다. 무의미한 다수가 아니라 유의미한 소수에 집중함으로써 업무에서 성과를 낼 수 있다.

Everything이 아닌 One-thing에 집중하라!

PART 3

2단계 정돈
분류를 통한 정리력

10

정돈의 의미

정돈은 유사한 서류끼리 모으는 것이다. 삶과 업무를 색깔로 구분하는 것부터 시작하라.

#정돈을 위한 3정

정돈에는 3정이 있다.

정위치, 정품, 정량.

이 중에서 중요한 것이 정위치이다,

사물의 고유 주소를 정하는 것이 가장 중요하다. 집에 가면 옷을 의자 위에나 혹은, 침대 위에 걸어 놓지는 않는가? 만약 그렇다면 바로 그곳이 옷의 정위치라고 생각하기 때문이다. 그러므로 정위치에 대한 정의를 제대로 내려야 한다. 그래도 제대로 안된다면 무엇을 어디에 둘지, 해당 장소에 사진을 붙여버려라.

보이게 정리하기

#보이게 정리하기

《보이게 일하라》에서 보이게 일할 수 있도록 제도와 시스템을 선진화시키는 것이 필요하다고 한다.

보이게 일하는 것은 업무 효율을 높이고 피로도를 낮춘다.

조직 내 모든 업무 내용을 '내 것'이라고 생각하지 마라. 누구나 쉽게 볼 수 있게 만들어라. 팀워크의 기본 또한 '보이게 일하기'이고, 보이게 일하기 위해서는 서로 간의 신뢰와 정보 공유가 기본이다.

#일류 vs 이류

일류는 누구든지 사용하기 쉽도록 정리한다. 즉 내가 없더라도 일이 지속될 수 있도록 공유한다. 반면에 이류는 자신만 사용하기 쉽고 다른 사람은 알 수 없는 정리를 한다. 현재 대한민국의 많은 회사들이 아직까지 후자의 정리를 하고 있다.

회사에 유산을 남기는 일류가 되자.

사람은 떠나도 조직적 재산은 남는다. 그래서 이런 단어를 만들어 봤다.

'공유산!'

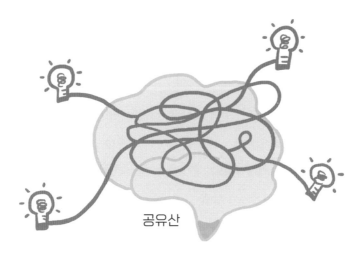

공유산

누구나 쉽게 볼 수 있게 만들고 신뢰로 공유하라!

12

배달의민족 3년 연속 대상,
준스피자의 보이게 일하기 시스템 노하우

피자업계 핑크펭귄

"내가 공부를 안 하면 매일 똑같은 콤비네이션 피자만 만들고 있다."

대한민국 배달업체의 지존을 가리는 배달의민족 대상 시상식

3년 연속 피자 업계에서 대상을 차지한 가게가 있다.

그곳은 바로 조병준 대표가 운영하는 '준스피자'이다.

20평 남짓한 가게에서 남과 다른 개인브랜닝과 선략으로 연 '8억'이라는 말도 안 되는 매출을 올린 조병준 대표인 그를 처음 만난 건 2013년 여름이었다. 당시만 해도 작은 곳에 아담하게 가게를 꾸며 놓고 운영을 시작한 그분은 성품이 매우 조용한 분이었다. 그분을 만나

뵙고 세월의 시간이 어느 정도 흐르자 어느 해인가 요식업계 시상식에서 준스피자의 수상 소식이 들렸다.

수상을 받은 준스피자를 먹어본 사람들은 이렇게 말했다.

'지금껏 먹어본 피자 중 가장 맛있는 피자!!'

나 역시 한번 먹어본 후로는 계속해서 애용하고 있다. 먼 거리로 인해 퀵 비용이 25,000원이 드는데도 불구하고 주문하게 된다. 그리고 무엇보다 맛있는 것을 먹으면 자연스레 사랑하는 사람에게 소개하고 싶어진다. 그래서 주위의 친한 분들에게 굳이 찾아가게끔 말씀드리고 먹어보라고 추천하게 되었다고 말하는 것이었다.

하지만 이렇게 잘 나가는 조병준 대표도 한때는 너무나 힘든 시절이 있었다. 그분과의 친분이 쌓여지자 자연스럽게 지나온 일들을 듣게 되었는데 순간 가슴이 먹먹해서 할 말을 잃었다.

오픈 초기의 피자집 가게는 그렇게 장사가 잘되는 편이 아니었다. 형편이 쪼들리자 조병준 대표는 직원 급여를 주기 위해 새벽에 롯데리아에서 햄버거 배달 일을 했다는 것이었다. 그리고 가게에 돌아와 영업을 마친 후 네 다섯 시간을 살아남기 위해 일했다. 그 어렵고 힘든 시점에 3P자기경영연구소에 우연히 오게 되었고, 그때 시작한 자기계발과 독서를 통해 현재의 자리까지 올라오게 되었다고 하는 것이다.

무엇보다 나는 3년 연속 배달의민족 배달대상을 수상한 그의 노하우가 너무나 궁금했다. 그래서 어렵게 찾아뵙고 인터뷰를 해보니 크게 4가지 정도의 큰 특징이 있었다. 이 기회에 조병준 대표가 잘 될 수밖에 없는 4가지를 소개하겠다.

4가지 보이게 일하기 시스템

첫째, 치열하게 R&D를 하고 '3P바인더'라는 도구로 시스템을 만들었다. 50권이 넘는 바인더에는 그의 요리에 대한 철학과 레시피, 타사에 대한 조사, 경쟁사 분석, 롤모델 회사에 대한 철저한 벤치마킹 등 상상도 안 되는 땀과 노력의 흔적이 고스란히 담겨있었다.

　인터뷰를 끝으로 수많은 바인더 중에 가장 아끼는 바인더를 보여
달라고 하자, 2권의 바인더를 보여주었다.

　그중 한 권은 경쟁사의 전단지를 모아 놓은 바인더였다. 무려 4년
에 걸쳐서 모은 자료라고 한다. 그는 배달 나갈 때마다 보이는 대로
수많은 전단지를 수거했다. 전단지가 땅에 떨어져 있든 어디에 붙여
있든 일단 집어와 모았다. 그리고 다른 회사의 메뉴를 꼼꼼히 체크하
였고, 또 경쟁사들의 핵심 경쟁력을 파악하는데 몰두하였으며, 심지
어 그 안의 구색과 재료, 하다못해 마진율 등을 연구하게 되었다. 그
러면서 나중에는 피자업계 뿐 아니라 타종업계 전단지라도 전단지는
다 모으는 지경에 이르렀다. 그것은 업계는 달라도 본질은 비슷하다
고 생각했기 때문이다. 치열한 스크랩을 통해 데이터를 많이 확보하
게 되었고, R&D를 함에 있어서도 양질의 정보를 가지고 재가공을 할
수 있는 눈이 생겼던 것이다.

또 다른 한 권은 '철학'에 대한 바인더였다. 피자가게에서 철학이라니 사실 처음엔 어이가 없었다. 하지만 바인더를 펼친 순간, 내가 너무나 부끄러워 얼굴이 화끈해졌다. 그의 내용 중에는 '준스피자의 철학과 사명'이 고스란히 있었다.

'직원의 행복이 회사의 미래이며 회사의 미래는 인류에 공헌하는 것입니다.

우리의 존재는 피자만 만드는 것이 아닙니다. 우리의 존재는 세계 최고의 감동과 서비스를 만드는 것입니다.'

당신은 피자 가게가 사장의 철학으로 운영하여 성장하고 있다는 것을 과연 믿겨지겠는가?

누구나 직접 가게를 방문해보면 이 철학이 고스란히 가게에 배어있음을 느낄 수 있다. 그곳은 직원들과 운영자의 희망과 미래의 목표가 담긴 보물지도가 늘 볼 수 있는 냉동고 벽면에 붙어있다. 또한 힘든 일을 하는 직원들이 간간히 듣는 노래는 경쾌한 K-pop이 아닌 마음이 편안해지는 찬송가였다. 이런 분위기의 가게라면 음식도 참 건강하고 예쁘고 행복하겠다는 생각이 들었다.

이것이 바로 철학의 무한한 무언의 힘이 아닐까!?

두 번째는 바로 '독서경영'이다. 준스피자는 직원들과 함께 많은 책

초 정리력

을 읽고 업무에 적용하는 문화가 있다. 책을 읽고 서로의 생각을 공유하고, 그것을 경영에 접목하려는 모습을 그를 만나는 내내 느낄 수 있었다.

또 다시 그에게 업무에서 가장 도움 된 책 3권을 추천해달라고 부탁했다. 기꺼이 그가 건 내준 리스트를 통해 그의 남다른 철학을 다시한 번 느끼게 되었다.

- 이나모리 가즈오의《어떻게 의욕을 불태우는가?》
- 야베 데루오의《신칸센 버라이어티쇼》
- 츠카코시 히로시의《나이테 경영, 오래 가려면 천천히 가라》

그러나 부끄럽게도 아직 접해보지 못한 분야의 책이었다. 그렇지만 단순히 피자만 열심히 팔아서 매출을 올리는 게 아니라 고객들과 직원들에게 행복을 전하고, 유의미한 것들을 제공하려는 그의 노력이역력히 보였다.

세 번째는 프린팅 시스템이다. 피자 화덕이 있는 부엌 바로 옆에는 작은 R&D 공간이 있다. 그곳에 있는 물건 2개를 보고 깜짝 놀랐다.

그중에 하나는 고가의 레이저 프린터기였다. 도대체 피자집에서 프린터기가 왜 필요한지 궁금해서 참을 수 없었다. 그러나 돌아온 그의대답은 놀라웠다. 공부를 하거나 조사를 하다 보면 즉시 필요한 내용이 있다. 아무래도 디지털 기계를 통해서 보기에는 한계가 있으므로 필요시에 즉시 출력하기 위해서였다고 말하며 또 한편으론 바인더를 꾸미고 정리하는데도 필요하다는 것이다.

참고로 칼라로 양면 출력을 하면 한 장에 600원이나 한다. 그런데도 그런 고비용에 과감하게 투자하는 모습을 통해 진정으로 공부하는 CEO의 모습을 볼 수 있었다. 뿐만 아니라 매일 매출에 대한 정보를 출력을 해서 본다고 했다. 그렇게 해야 더 제대로 피드백을 할 수 있고, 분석을 통한 개선이 가능하다고 하는 것이다.

조 대표는 일하는 머리가 뛰어나다. 그는 컴퓨터로 완성해서 출력하지 않았다. 대부분 기본적인 바탕의 틀을 출력한 후 그 위에다 손으로 메모를 해나갔다. 이 모든 것이 자연스럽게 속도와 정확도가 더 올라가는 시스템이다. 모든 것을 보면 볼수록 연구를 많이 하는 조 대표가 매우 존경스러웠다.

마지막으로, 코팅 시스템이다. R&D 연구실 위쪽 공간에 눈을 의심케 할 만한 물건이 보였다. 문방구나 학교에서 봄직한 코팅 기계였다. 뜨거운 열을 가해서 일반 종이에 빳빳한 코팅을 해주는 기계이다. 그러고 나서 주변을 둘러보니 가게 내에 붙어있는 안내문이나 종이로 된 자료들은 정말 보기 좋고 깔끔하기만 했다.

여러분들도 한번 생각해보라!

주변 피자집이나 중국집에 붙어 있는 종이는 거의 너덜너덜하거나

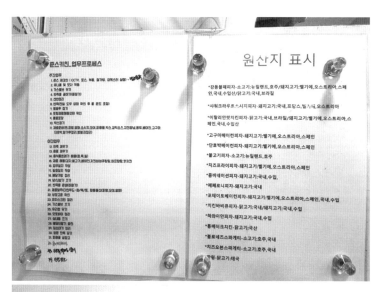

● 이렇게 디테일한 부분까지 정성으로 준비한 조병준 대표.

심지어 그런 안내문조차 붙어있지 않다. 하지만 준스피자는 역시 무언가 달랐다.

내가 그를 처음 만났을 땐 단순히 작은 피자가게 사장으로 생각했다. 하지만 지금은 완전히 또 다른 관점으로 그를 보게 된다. 이제 그는 더 이상 피자가게 사장이 아닌 것이다.

'인류의 행복을 건강한 수제피자로 전하는 일류 외식 전문가'

작은 가게지만 치열하게 공부하고 자신만의 R&D 시스템을 구축한다면 분명히 희망의 빛을 볼 수 있다라는 교훈을 준 사례이다.

'바인더로 매뉴얼을 만들고, 독서로 철학을 구축하고, 프린팅 시스템으로 즉시 출력하고, 코팅 시스템으로 깔끔하고 정성스레 유지하는 것이 바로 성장의 노하우이다.'

우리는 기척으로 말한다,
대전 카페허밍 조성민 대표

전국에 가장 많은 가게는 무엇일까?

여러 종류의 가게가 있지만, 그중에서도 가장 많은 비중을 차지하는 게 바로 '커피숍'이다. 내가 근무하는 회사 근처를 조사해보니 걸어서 20분 남짓한 거리에 77개의 커피숍이 있었다.

정말 살아남기 힘든 업종이 커피업종이 아닐까싶다.

이제는 전 세계를 장악하는 세계적 규모의 커피숍이 즐비하다. 이런 상황 속에서 작지만 차별화된 감성을 바탕으로 대전에서 새로운 문화를 만들어가고 있는 사람이 있다. 바로 대전 카페허밍 조성민 대표이다.

"가장 감성적인 경험이 가장 효과적인 경험이다."

– 폴 트레이시

카페허밍 조성민 대표가 처음부터 '멋진 커피숍 사장'이었던 것은 아니다. 다만 이 분야의 전문가가 되기 위해 노력하는 과정에서 인생의 멘토를 만나게 되었다. 그가 만난 사람 중 한 분이 바로 3P자기경영연구소의 강규형 대표이다. 인연의 시작으로 한동안 강규형 대표를 통해 '바인더를 통한 자기관리'와 제대로 된 독서를 하는 '본깨적'을 배우게 되었고, 그리고 그것을 사업에 적용하였다.

언젠가 나는 오피스 파워 정리력 강의를 준비하면서 영감과 사례가 절실히 필요했다. 이왕이면 이론적인 사례가 아닌 실제적인 사례가 필요했던 것이다. 그때 마침 다가온 사람이 조성민 대표였다. 아니 사실 내가 다가갔는지도 모른다. 지금 와서 생각해보면 서로의 끌림으로 이어진 숙명적 만남인 것만 같다.

우리 두 사람은 너무 바쁜 일상을 보내고 있었기에 시간을 내서 만나는 건 쉽지 않았다. 그런데 우연히 대전에 갈 일이 있어 사전에 조성민 대표에게 문자를 보냈고, 그는 흔쾌히 미팅을 잡아주었다. 그와 만난 자리에서 그가 저술한 《작은 가게 성공매뉴얼》에서 핵심을 듣게 되었다. 순간 책에서는 놓칠 수 있었던 귀한 이야기를 직접 들으면서 가슴이 벅차올랐다. 그리고 당시의 느낌은 그는 아낌없이 나눠주려는 특징이 있는 것이었다. 당장 없는 것도 만들어서 주려는 아름다운 마음을 지녔다.

빠르게 성장하고 있는 조성민 대표에게 지금의 성장에 가장 큰 도움을 준 책이 있는지 조심스레 물었다. 그러자 그는 흔쾌히 3권의 책을 지목하였다. 그것은 바로《이랜드 뉴 프론티어 마케팅 전략》,《감성 마케팅》, 그리고《성과를 지배하는 바인더의 힘》이다.

그중에《감성 마케팅》은 특히 그에게 가장 귀하고 값진 보물이다. 그가 조심스레 꺼내 보여준 책에는 빼곡한 아이디어와 메모가 가득했다. 그는 책을 그냥 눈으로 읽지 않는다. 그냥 눈으로 보는 것은 오래 가지 않아 적용을 하는 게 쉽지 않기 때문이다. 그러하기에 그는 언제나 적용과 실천을 위해 펜을 가지고 독서한다. 그것은 3P자기경영연구소에서 진행되는 독서법 강의와 비슷한 방법인 것이다. 그는 '펜 하나로 적용하는 독서법'이라는 '독서경영 기본과정'에서도 많은 고객들을 추천해주었다.

이 책 안의 한 구절을 적용한 사례가 내겐 충격 그 자체였다.

'고객 이탈'에 대한 조사에서는, 응답자의 68%가 기업의 무관심한 태도를 이탈의 이유로 꼽았다. 그리고 '고객 로열티에 대한 전국 조사'에서 드러난 소비자의 공통적인 불만은 새로운 고객이 가장 좋은 대우를 받는다는 점이다.'

- 《감성 마케팅》 34p

이 부분을 읽고 조성민 대표는 '고객 이탈'을 이렇게 정의했다.
'고객 이탈=기업의 무관심'
고객의 이탈을 방지하고 기업의 무관심을 관심으로 바꾸기 위해서

'명예의 전당'을 적용했다. 신규 고객들에게 감사와 감성 문자를 보내기 시작했다. 여기서 말하는 '명예의 전당'은 이런 내용이다.

커피를 마신 고객분들 중 250잔 이상 마신 고객 분들은 그의 이름을 가게 입구 '명예의 전당'에 올려준다. 별일 아닌 것 같지만 찬찬히 내다보면 그 안에서도 좀 더 디테일한 부분이 있다. 또 250잔 이상 마신 분들 중에서 1,000잔 이상 마신 분들은 가장 잘 보이는 위치에 이름이 적혀있다. 뿐만 아니라 1,000잔 이상 마신 분들은 '로열패밀리'라는 이름으로 컵 홀더에도 이름이 '등재'된다. 이쯤 되면 고객으로 보기보다 함께 하는 파트너 또는 가족으로 보는 게 더 맞을 것 같다.

심지어 한 고객은 무려 2,000잔 이상을 마셨다. 그러나 혼자 마시지는 않았을 것이다. 분명 누군가를 데리고 오거나, 여러 잔을 사갔을 것이다.

향기와 꿀을 지닌 꽃을 찾아다니는 나비인가보다. 그런 향기와 꿀을 줄 수 있는 꽃이 되는 노력을 끊임없이 한 것이다. 이런 아이디어의 원천 역시《감성 마케팅》이다. 그 외에도 조성민 대표에겐 또 하나의 중요한 개념이 있었다. 바로 '기척'이다. 기척이란 '사람들이 많이 오고 간 느낌'을 말한다.

"장사가 잘 되는 곳에서는 모두 '사람의 기척'이 느껴집니다. 손님이 없어 한산할 때에도 많은 사람이 오갔다는 것을 보여줄 수 있는 장치를 고민하기 시작했습니다."

그는 기척을 만드는 방법을 크게 3가지로 정리했다.

● '내가 가서 팔려고 하는 영업이 아니라, 누군가 오게 하는 마케팅'.
마그네틱 마케팅을 실천하고 있는 조성민 대표.

첫째, 줄 세우기

둘째, 댓글, 방문자 수, 클릭 수

셋째, 쿠폰북을 통한 고객의 방문 가시화

조성민 대표는 고객들의 관점에서 먼저 생각했다. 우리는 대부분 '쿠폰'을 받아본 경험이 있을 것이다. 그러나 경험상 그것을 들고 다니기는 쉽지 않다. 혹 중간에 잃어버리기 일쑤다. 그런데다 10개를 모으면 주는 서비스도 반복적으로 오지 않으면 한계가 있다. 그래서 그는 고민하다 쿠폰북을 만들었다.

고객들 이름을 가나다순으로 정리하여 구매 시 자신의 이름을 찾아 쿠폰 도장을 찍게 했다. 그러다보니 자연스레 고객들의 방문이 가

초 정리력

시화 되는 것이다. 그곳의 쿠폰북을 보면 250잔 이상 마신 분들이 100명 이상이었다. 그리고 한 번 이상 오신 고객은 약 1,000명을 넘는다. 이렇듯 가게에 사람이 없을 때에도 '기척'이 느껴지도록 시스템화 한 것이다.

'기척 시스템'을 만들게 된 계기가 3번째 책인 《성과를 지배하는 바인더의 힘》에 나오는 매뉴얼을 만드는 개념에서 비롯된 것이라고 말한다.

나는 그의 책에서 인생 개념을 만났다.

'5가지 핵심 매뉴얼'과 '버전업 매뉴얼'

먼저 '5가지 핵심 매뉴얼'을 찾아야 한다. 현재 당신의 일에서 가장 중요한 5가지는 무엇인가? 조성민 대표의 경우 '레시피, 업무, 고객 서비스, 스토리&스피릿, 신입 바리스타 교육' 이렇게 다섯 가지이다. 반면에 강의를 하는 나의 경우에는 '강의, 업무, CS&고객관계우선, 가치&철학, 코치&강사 교육'으로 정리했다.

자신의 매뉴얼을 바로 만드는 것은 생각과 같이 쉽지가 않다. 그래서 업종은 달라도 매뉴얼을 잘 정리한 사람을 통해 벤치마킹할 필요가 있는 것이다. 나 역시 조성민 대표의 사례를 보고 배우게 되었다. 그 덕분에 교육에서 다른 분들이 자신의 매뉴얼을 찾고 만들도록 도울 수 있었다.

5가지 핵심 매뉴얼을 바탕으로 각 챕터별 매뉴얼을 정리하는 것이

'버전업 매뉴얼'이다. 업무를 시작할 때 초기 아이디어를 어디에 기록하는가? 대개가 종이에 적기도 하지만, 주로 컴퓨터를 켜서 본 작업을 진행하는 경우가 많다. 그럴 경우 표현하는 데에 한계가 있고, 흐름 또한 매끄럽지가 않다. 그래서 '버전 0.1'로 시작해야 한다. 그리고 이후 버전을 업그레이드를 통해 개선해야하는 것이다.

매뉴얼은 'Kaizen'해서 만드는 것이 가장 효과적이다. 일본 도요타의 경우에도 처음부터 완벽한 매뉴얼을 가지고 시작하지 않았다. 뒤에 1대 회장이 가진 매뉴얼을 분석하여 '문서화'했다. 그로 인하여 생각으로만 그치지 않았고 얼마 뒤에 가서 폭넓게 경영이 보이게 되었다. 이렇게 문서화된 매뉴얼을 점점 개선해나가는 'Kaizen'문화가 현재의 도요타 매뉴얼로 성장한 것이다.

조성민 대표가 이렇게 좋은 매뉴얼과 시스템 개념을 왜 나눠주는지 너무나 궁금했다. 그의 답변은 이러했다.

"강규형 대표의 '스타는 내가 뜨는 것이 아니라 남이 띄워주는 것'이라는 말이 도움이 되었어요.

나눠줄 때 더 성장(버전업)하는 것 같아요. 이제는 Give & Take 의 시대에서 Share & Share 의 시대가 된 것 같아요^^"

'나눌수록 배가 된다'는 말을 '아는' 수준을 넘어 '실행'하는 수준을 지나 그런 삶을 '사는' 조성민 대표인 것이다. 얼마 전 다시 만난 그에게 전해 들은 말이 뇌리에 스친다.

"다른 사람에게 전해주면, 누구나 가지고 있는 게 같아집니다. 그래서 저는 더 노력하게 되고요. 그러지 않으면 고인 물처럼 썩잖아요. 전 썩기보다는 사람들에게 잘 흘러가고, 저는 또 새로운 물(지식)을 받아들입니다. 이게 작은 저의 노하우입니다."

그는 천진난만하게 웃으면서 말했다.

항상 본질을 잊지 말고 더욱 멋지게 영향을 끼치길 기대한다.

14

정돈 시스템 만들기 2가지 핵심

보이게 일하기를 한마디로 요약하면 이렇다.

"Not '나'만, But 누구나."

사소하지만 조직의 수준이 결정되는 중요한 태도이다. 나도 2017년까지는 나만 아는 자료를 만들었다. 그러나 지금은 누구나 자료를 활용할 수 있도록 만들고 있다.

#정돈 시스템 만들기 2가지 핵심 요소

정돈에서는 '세네카'와 '목차 인덱스', 이 두 가지만 기억하라.

우리가 음식점을 찾아 가기 위해 길을 갈 때, 우선적으로 무엇부터 먼저 보게 되는가? 바로 간판일 것이다. 그 간판을 통해 음식점의 정체성과 메뉴 등을 알 수 있게 된다. 그렇게 간판을 보고서야 가게 안으로 들어가는 것이다. 그리고 그다음으로 원하는 자리를 찾아 앉게 된다. 그렇게 하고 나면 차례에 따라 음식점 종업원이 다가와 메뉴판을 건네게 된다. 그러면 우리는 메뉴를 보고 자신이 먹고 싶은 음식을 고를 것이다. 아마 보편적으로 이것이 순서가 맞을 것이다.

이와 마찬가지로 지식이라는 재료도 같은 이치다. 지식의 정체성을 나타내는 간판의 역할을 하는 것이 바로 '세네카'이다. 바로 이 지식 간판을 정한 후 그 안에 어떤 지식들이 체계적으로 되어있는지 들여다보는 메뉴판이 바로 '목차 인덱스'이다.

필자는 이 2가지 도구를 통해 대한민국에 많은 직장인들의 서류 정리에 대한 해결책을 제시하고, 나름대로 개개인의 생산성을 올리는데 도움을 주고 있다. 그것을 하나씩 살펴보겠다.

15

3C 카테고리 분류법

먼저 '서류'하면 떠오르는 이미지가 있는가? 일단 얼굴이 찌푸려지고, 살짝 인상을 쓰게 될 것이다. 그것은 우리가 하는 업무에서 서류의 이미지는 그리 밝지 않기 때문이다. 책꽂이에 꽂혀있는 많은 서류들을 생각하면 괜히 골치가 아프다.

그렇다면 정리력을 통해서 사람들에게 전해주고자 하는 게 과연 무얼까? 그것은 바로 '필요한 정보를 빠르게 찾아 사용할 수 있도록 시스템화 하는 것'이다. 그래서 어디에 어떤 서류가 있는지를 잘 정리할 필요가 있는 것이다.

이때 필요한 것이 바로 3C 카테고리 분류이다.

#칼라를 통한 대분류

3C 카테고리 분류는 쉽게 대·중·소 분류라고 이해하면 된다. 아래와 같이 나타낼 수 있다.

3C 카테고리 분류
- Color-칼라를 통한 대분류
- Core Keyword-핵심 키워드를 통한 중분류
- Contents-제목을 통한 소분류

여러분들께선 대형 마트에 가본 적이 있을 것이다. 우리는 마트 입구에 들어서자마자 먼저 층을 살펴본다. 몇 층에 어떤 범주의 제품들이 있는지를 체크한 후, 해당 층으로 가게 된다. 그 다음으로 해당 섹션별 분류 이름표를 체크한다. 그리고는 원하는 품목이 있는 섹션으로 이동 후 위에서부터 아래로 선반에 있는 제품들을 살펴본다. 이렇게 큰 규모에서도 대·중·소 분류로 정리가 되어있다. 마찬가지로 서류에도 일정한 기준, 즉 대·중·소 분류를 적용하면 활용도가 많이 올라간다.

"내가 좋아하는 것 말고 뇌가 좋아하는 것으로 구분하라."
우리의 뇌는 글자보다 숫자, 이미지, 기호를 더 좋아한다. 그러니 빡

빡한 글자만 나열하기보다는 한 눈에 딱 알 수 있게 이미지, 그러니까 여기서는 색깔color로 구분하는 게 좋다. 대분류는 너무 디테일하지 않게, 5가지 정도로 구분하면 보다 잘 활용할 수 있다.

5가지 Color로 업무와 일의 균형 체크

업무와 개인의 삶에 대한 범주는 5가지로 구분하기를 권장한다. 주업무는 분홍색, 보조업무는 주황색, 개인적인 삶은 녹색, 자기계발은 하늘색, 인간관계에 대한 부분은 보라색을 권장한다.

많은 사람들이 워라밸work-life balance, 일과 삶에 대한 균형을 원한다. 하지만 나는 균형이 아닌 '무게 중심'이라고 말하고 싶다. 삶에서 어떤 부분에 가장 중심을 두고 있는가? 또 어디로 그 중심 이 이동을 하고 있는가? 그것을 수시로 체크할 수 있는 것이 바로 '간판 시스템'이다.

우선 일을 하는 사람에게는 현장에서 일을 완벽하게 잘 해내는 것이 중요하다. 그렇기에 초기에는 '분홍색'과 '주황색'에 초점을 두면 좋다. 그러다 보면 슬럼프가 온다. 이때 여러분은 어떻게 대처할 깃인가? 나는 이때 공부를 하거나 교육을 듣는다. 그러므로 여기서는 '하늘색'에 해당되는 것이다.

그러다 또 막히면 나를 돌아보는 시간을 가진다. 가령 휴식, 쉼, 명상, 기도 등의 행동을 해 보면 좋다. 아니면 어디론가 홀쩍 떠나거나, 혹 믿음이 있다면 교회나 절에 가서 철저한 고독의 상태로 자신의 내면을 다시 바라보는 시간도 도움이 된다. 이때 '녹색'은 나를 돌아보고 내면을 치유해주는 느낌이다.

그렇게 했는데도 쉽사리 스트레스가 풀리지 않는다. 그렇다면 이젠 주변을 돌아보라. 주변에서는 당신을 도와주고 싶은 사람이 참 많을 것이다. 그들에게 다가가는 것이 '보라색'이라고 보면 되겠다.

컬러를 통한 대분류의 힘

분홍	주업무 분야	성과 / 보상 / 포상 / 승진 / 매출 / 직접 성과
주황	부업무 분야	준비 / R&D / 사전 업무 / 간접 성과 / 보조 업무
녹색	개인활동 분야	가족 / 여행 / 취미 / 신앙 / 운동
하늘	자기계발 분야	독서 / 교육 / 책쓰기 / 마인드맵 / 언어 공부
보라	네트워크 모임 분야	동호회 / 모임 / 동창회 / 나비모임 / 기타 모임

5가지 Color로 삶과 업무의 무게 중심을 잡아준다.

이렇게 삶과 업무에서의 5가지 색깔로 볼 수 있게 만들어 주는 것이 바로 대분류의 힘이다.

#핵심 키워드를 통한 중분류

중분류는 컴퍼스

대분류를 바탕으로 조금 더 파고 들어가 보자.

분홍색은 주업무를 나타낸다. 현재 나는 강사이다. 그러면 강사의 주업무는 무엇일까? 그것은 바로 '강의'이다. 여기에 더불어 '기업독서 경영', '정리력 컨설팅', '코칭' 등이 해당된다.

컴퍼스를 가지고 원을 그리는 상상을 해보라. 컴퍼스에는 두 개의 점이 있다. 하나는 중심을 찍고, 다른 하나는 폭을 달리하면서 각기 다른 원을 그려낸다. 이때 중요한 것은 바깥점이 아닌 중심점이다. 중심점을 제대로 찍고 있으면 흔들림 없이 평행한 원을 크기에 따라 그릴 수 있다.

업무도 마찬가지다. 성과를 내기 위해서는 무엇보다 '집중'이 필요하다. 이 집중을 위해서는 무엇이 중요한지를 잘 파악해야한다. 그 집중점이 바로 컴퍼스의 중심점이라고 보면 되겠다.

예를 들어 '강의'라는 중심점을 찍었다고 가정해보자. 그러면 강의라는 중분류에 여러 가지 제목들이 소분류로 정리된다.

'대학교 강의, 독서법 강의, 3P바인더 강의, 동기부여 강의' 등이 있다.

어디에 집중해야 하는지를 나타내는 중분류를 충분히 이해했길 바란다.

당신의 핵심 업무를 정의하라

안타깝게도 많은 사람들은 자신이 어디에 집중해야 할지를 모른다. 예컨대 신입사원이 들어오면 팀장이나 사수는 이들에게 업무에 대해서 충분히 설명을 해줄 필요가 있다. 이때 대략적인 설명은 가능하다. 하지만 구체적인 업무에 대해서는 설명을 하기가 그리 쉽지는 않을 것이다. 하물며 업무뿐만이 아닌 개개인들의 성격과 취향, 휴식 등에도 적용하여 신경 쓰며 집중해야 할 것이다.

가족 간에 있어서도 어떤 것을 잘해야 하고, 신경 써야 할지도 모른다. 나 역시 이 부분에서는 자유롭지 않다. 사회에서 만나는 분들은 내가 업무를 처리해 내가는 모습에 꽤 높은 점수를 주신다. 그렇다고 가정에서까지 꼭 그렇게 잘하지는 못하고 있다. 솔직히 결혼 초기에는 무엇을 잘 해야 하는지 몰라서 늘 긴장과 갈등 속에서 생활해왔던 것만 같다.

'남자는 배 여자는 항구'

정말 주옥같은 문장이다. 떠나가는 남자가 기다리고 있는 여자의 마음을 어찌 알겠는가? 지금 멀리 배를 타고 원양을 향해 가고 있는 마당에 기다릴 사람을 향해서 제대로 마음 주기가 쉽지 않다.

누군가 가족을 뒤로 하고 먼 길을 가게 된다면, 남아 있을 가족들을 위해서, 자녀들을 위해서 그들에게 해줄 수 있는 것들을 잘 준비해서 주면 좋다. 그렇지만 함께 있을 때 더 정성을 들여 시간을 보내야 할 것이다.

혹시 결혼 당시 그 시절의 사진이나 자료를 잘 정리해두었는가?

자녀들의 성장 스토리는 어떻게 보관하고 있는가?

가족 여행은 언제, 어디로 갔었는지 기억하고 있는가?

하루 속히 소중했던 귀한 시간들이 정리되어 있길, 그리고 소중한 것에 집중할 수 있길 바랄 뿐이다.

어떠한 업무상에 큰 문제가 발생하거나 해결책이 없다면, 어떤 교육을 듣고, 어떤 사람을 찾아가야 하는지 생각해 보라. 또 집중해야 할 영역을 쉽게 보기 위해서라도 중분류를 잘 고민해보길 바란다.

표를 보면 1. 주업무 2. 보조업무 3. 개인 4. 자기계발 5. 네트워크가 대분류이다.

주업무의 경우 강의, 코칭, 기업독서, 정리력 컨설팅이 중분류이다.

강의의 경우 서브바인더 싱과내기, 독서기본, 독서리더, 왕초보클래스 등이 바로 소분류이다.

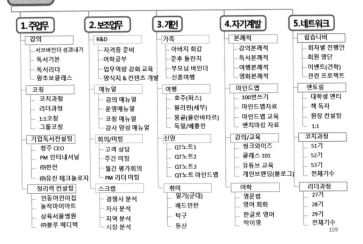

1.주업무	2.보조업무	3.개인	4.자기계발	5.네트워크
강의	**R&D**	**가족**	**본깨적**	**쉼습나비**
서브바인더 성과내기	자격증 준비	아버지 회갑	강의본깨적	회차별 진행안
독서기본	어학공부	준후 돌잔치	독서본깨적	회원 명단
독서리더	업무역량 강화 교육	부모님 바인더	여행본깨적	이벤트(견학)
왕초보클래스	양식지 & 컨텐츠 개발	신혼여행	영화본깨적	관련 프로젝트
코칭	**매뉴얼**	**여행**	**마인드맵**	**멘토링**
코치과정	강의 매뉴얼	호주(퍼스)	100번쓰기	대학생 멘티
리더과정	운영매뉴얼	필리핀(세부)	마인드맵자료	책 독자
1:1코칭	코칭 매뉴얼	몽골(울란바타르)	마인드맵 교육	원장 컨설팅
그룹코칭	강사 양성 매뉴얼	독일/베를린	벤치마킹 자료	1:1
기업독서컨설팅	**회의/미팅**	**신앙**	**강의/교육**	**코치과정**
청주 CEO	고객 상담	QT노트1	씽크와이즈	51기
PM 인터내셔널	주간 미팅	QT노트2	클래스 101	52기
㈜한전	월간 평가회의	QT노트3	유튜브 교육	53기
㈜유진 테크놀로지	PM 리더 미팅	QT노트 마인드맵	개인브랜딩(블로그)	전체기수
정리력 컨설팅	**스크랩**	**취미**	**어학**	**리더과정**
인동어린이집	경쟁사 분석	일기(군대)	영문법	27기
놀작마이아트	자사 분석	베드민턴	영어 회화	28기
삼육서울병원	지역 분석	탁구	한글로 영어	29기
㈜블루 메디텍	시장 분석	등산	딱이영	전체기수

위 표를 바탕으로 자신의 대 · 중 · 소 분류를 한번 정리해보길 바란다.

설계의 중요성

'단군 이래 최대 건축물', '국내 최고最高', '세계 5번째 높이 초고층 빌딩'.

그렇다. 롯데월드타워를 나타내는 수식어들이다. 지난날 신문에 난 기사를 보고 중요한 깨달음을 얻었다.

'롯데그룹의 숙원이었던 잠실 롯데월드타워가 2일 사업지 선정 이후 30년, 착공 6년 만에 완성된 겉모습을 드러냈다. 20번 바뀐 디자인…'

붓 끝의 단순함·우아함 살려 '롯데월드타워의 설계 디자인은 1987년 이후 최종 디자인이 확정된 2008년까지 20차례 이상 바뀌었다.'

건축을 하는 데만 6년이 걸렸다. 정말 엄청나다. 6년의 건축물.

그러나 내 시선을 빼앗은 건 건축 기간이 아니었다. 바로, 디자인과 설계에 들어간 시간과 노력이었다. 그냥 건물을 짓기도 쉽지 않은데 20번 이상의 디자인을 바꿔가면서 저렇게도 화려하고 높은 예술 작품을 만들 수 있었던 근원적인 힘은 무엇일까? 바로 이 부분이 궁금했다.

그렇다. 그것은 설계도를 지독하고 디테일하게 정리했던 것이다.

우리는 삶이라는 목표를 가지고 건축물을 짓고 있다. 하루하루 벽돌을 올리면서 나만의 건축물을 완성해가는 중이다. 지금 당신에게 혹시 어떤 건축물을 지을지, 즉 어떤 삶을 살아갈 것인지에 대해서 설계도를 잘 가지고 있는지 묻고 싶다.

그것이 거창한 사명이나 비전이 아니어도 좋다. 100년 가까운 인생을 설계도 없이 그저 열심히, 어디로 올라가는지도 모른 채 벽돌만 바르고 있지는 않은지 궁금하다.

어떤 일을 할 때 실행을 열심히 하는 것도 중요하지만, 무엇보다도 먼저 제대로 실행하기 위한 사전 설계를 하는 것에 더 집중하시라.

그런 의미로 다시 한 번, 위에 있는 대·중·소 분류를 정리해보길 적극 권장한다. 만약 설계를 하지 않는다면 이 책을 더 이상 읽지 않길 바란다. 모든 업무와 삶의 정리의 핵심 포인트가 바로 설계와 디자인이기 때문이다.

"기획을 통해 잘 설계하길 바란다. 그런 후 삶의 본질을 찾아라. 그 본질에 자신의 라이프 스타일을 잘 디자인해보길 바란다."

이렇게 단단히 준비된 삶의 건축가로 멋지게 성장하길 바란다.

16

세네카[간판]라 쓰고
가시화라 부른다

#1 세네카 입력 프로세스

'견물생심見物生心'

실물을 보면 그것을 가지고 싶은 욕심이 생긴다. 삶에서 일도 마찬가지다. 일을 잘하는 사람의 특징 중 하나가 일의 최종적인 모습을 파악하고 시작하는 것이다.

아침에 출근을 하고 어떤 패턴으로 업무에 임하는지 잠시 생각해보라.

컴퓨터를 켜고 바로 업무에 몰입하기란 쉽지 않다. 주말을 보낸 시점에는 더욱 그렇다. 카카오톡 메시지를 확인해보고, 웹 사이트들도 한번 씩 클릭해본다.

이런 프로세스를 해결할 수 있는 방법이 있다.

'집중할 수밖에 없는 환경 설정'

바로 '세네카'를 정리해 업무를 눈에 보이도록 만드는 것이다. 세네카가 있으면 책상에 앉았을 때 컴퓨터와 별개로 현재 진행 중인 업무들이 눈에 보이게 된다. 음식점에 비유해보자면 세네카는 간판의 역할을 한다. 무엇을 먹을지를 판단하는 기준이 간판이다. 업무도 유사하다. 간판을 보고 원하는 음식점에 들어가듯, 세네카를 보고 업무 현장으로 들어가면 된다.

세네카를 만드는 방법을 전하고자 한다.

PPT 화면에 간판 제작의 틀이 있다. 그리고 상단에 서류나 자료의 제목과 연관된 이미지를 추가한다. 이때 자신이 좋아하는 이미지를 넣을 수도 있다. 이미지가 글자보다 한눈에 들어오기 때문에 이 방법을 적극 권장한다. 사실 일이라는 것 자체가 마냥 즐겁지만은 않다. 더불어 업무에 관한 서류는 보기 싫을 때도 있다. 그때 자신에게 의미 있는 이미지가 있다면 한번이라도 더 눈길을 줄 수 있는 것이다.

그 다음에는 설계도를 바탕으로 대, 중, 소 분류 영역에 내용을 정리한다.

대분류는 앞서 말한 것처럼 5가지 색깔을 통해 주업무, 보조업무, 개인, 자기계발, 네트워크로 구분하면 된다. 다음으로 중분류를 정리하는 것이 무엇보다 중요하다.

직장생활을 하면서 내 업무의 핵심에 대해서 깊이 고민할 시간을 갖기는 매우 어렵다. 그러나 그리 쉽지는 않겠지만 이번 기회에 제대로 고민하는 시간을 갖길 바란다.

중분류를 바탕으로 소분류까지 잘 정리하면 중요한 내용들이 정리가 된다.

단 한 번에 완벽을 기대하지 않길 바란다.

필자는 2013년 1월 26일 3P바인더를 활용한 서류 정리를 시작했다. 현재 100권 이상의 바인더를 소지하고 있다. 당시 처음에 정리한 세네카는 몇 번에 걸쳐 폐기와 생성을 반복했다. 바인더를 만들어 놓았을 때에는 완성이라 생각했음에도 시간이 흐르며 늘 바뀌곤 했다. 아마 다른 분들의 시선에는 그런 모습이 비효율적으로 보였을 것이다.

무려 8년 동안 우직하게 자료정리를 해나가면서 단순히 자료를 저장하는 것이 아니라, 제대로 분류하고 편집하는 '생산적인' 활동이 업무를 대하는 태도와 생각에 큰 도움이 된다는 것을 느꼈다. 과정의 개선을 통해 점점 원하는 모습에 가까워지길 바란다.

추가적으로 말씀드리자면, 세네카 아래에 날짜를 꼭 기입하길 바란다. 이왕이면 자료를 한 장이라도 꽂은 날짜를 적길 바란다. 그리하면 단순히 모아진 자료가 아닌 유의미한 정보로서의 가치를 지니게 될 것이다. 난중일기를 떠올려보자. 이순신 장군이 그 당시의 날짜를 적어 놨기에 오랜 세월이 흘러온 지금에서 엄청난 역사적 가치가 있지 않는가!?

이렇듯 서류에 날짜가 기입된 순간부터 그 서류의 역사가 시작된다. 날짜를 기재하는 순간 유통기한이 생기는 것이다. 그로 인해 얼마나 자주 쓰이는지도 파악이 가능하고, 활용이 안 되는 서류라면 폐기할 시점도 파악하기 편해진다. 그러므로 꼭 날짜를 기입하길 권장하는 바이다.

마지막으로 출처를 밝혀야 한다.

개인 소장이라면 본인의 이름을 명시하고 팀 차원의 공유 자료라면 팀과 이름을 명시해야 하며, 회사 전체 공유용이라면 회사 이름을 명시하면 된다. 그렇게 만들 자료들의 세네카(간판)를 잘 정리하면 입력 프로세스는 끝이 난다.

#2 세네카 출력 프로세스

설계도를 바탕으로 PPT를 정리했다면, 이제는 출력해야 한다.

먼저 프린터기에 A4 사이즈를 선택하고, 컬러로 출력한다. A4 한 장에 2개의 세네카가 나오게 된다. 그렇게 출력된 내용물을 위, 아래, 양 옆을 가위로 오리거나 칼로 자른다.

이때 중요한 점은 한 장씩 하면 속도가 지지부진 할 수 있으므로 한 번에 3~5장 정도를 자르는 것이다. 굳이 왜 이렇게까지 해야 하는지

의문이 늘겠지만, 직접 해보면 알 수 있다. 아마 잘 정리 정돈된 바인더를 보면 금세 편안한 마음으로 바뀔 것이다.

그동안 많은 분들의 경험담을 통해 들은 바 나는 확신 할 수 있다. 잠깐의 시간과 에너지 소모가 싫어 정리하지 않는다면, 혹 영원히 정리가 안 된 상태로 지낸다면 귀신에 쫓겨 다닐 것 같은 기분이 들것이니 반드시 해야 하는 것이다.

중요한 팁을 하나 더 보태드리고 싶다. 자료 하나 만들 때 마다 PPT 자료를 만들고 출력하고 세팅까지 한다면 많은 시간이 소요되는데, 필자는 그렇게 하지 않는다. 아래 사진에 보이는 것처럼 2가지 방법을 전하고 싶다.

먼저 손으로 세네카를 작성하는 방법이다.

형광펜을 활용해 컬러를 넣게 되면 가독성도 나쁘지 않다. 아무래도 속도가 빠르기에 자료 만들기 시작했을 때 이 방법을 활용하면 좋다. 그렇게 5~10권 정도가 만들어지면 그 때 PPT를 활용해 자료를 정리하면 되는 것이다. 그리하려면 일단 손으로 작성해서 자료를 정리할 수 있게끔 한 후, 좀 더 정돈 될 수 있는 파일링 시스템을 구현하는 것이다.

또 출력한 세네카에 손으로 분류를 덧붙이는 방법도 있다.

〈3P바인더 코치과정〉에서 만난 최영경이라는 대학생의 사례다. 그

는 평소 일에 대한 머리가 좋았고, 일과 대학생활을 함에 있어서 더 효율적인 방법을 고민하는 친구이다.

어느 날 세네카에 수기로 더 세분화 한 그의 자료를 보고 한방 맞은 느낌이 들었다. 그가 제시한대로 디지로그 digilog. 디지털 출력한 자료에 아날로그 분류를 추가하니 속도도 붙고, 활용도도 올라갔다. 이 방법 또한 적극적으로 해보길 권장한다.

#3 세네카로 업무의 효율을 올리는 방법
(고범석 세무사 & 류현주 대표 & 정훈 대표)

고범석 대표는 정리력을 전 직원에게 적용해서 5가지 컬러를 기존 주업무, 부업무, 개인, 자기계발, 네트워크로 구분하지 않고, 세금의 종류에 따라 분류했다. 분홍색은 중요하니 법인, 주황색은 개인, 하늘색은 면세, 녹색은 개인 간이의 형태로 활용한다.

기존에 본인이 맡고 있는 업무가 비율이 어느 정도인지 가늠하기가 힘들고, 자료를 다시 찾기가 불편했는데, 이제 정리력으로 그런 점들

● 광주에서 교육원을 운영하고 있는 류현주 대표의 학생용 서브바인더 적용 모습. 수업에 활용할 수 있도록 학생들에게 바인더를 한 권씩 제공한다.

위_   서울시 동대문구 블루 수학학원을 운영하고 있는 정훈 대표의 사무실 적용 모습. 업무가 한눈에 보이기에 놓치지 않고 두 개의 학원을 운영할 수 있다.

아래_   세종시 세무법인 늘벗 고범석 대표 사무실 전경, 250개의 고객 바인더로 정리한 모습이 많이 해결되었다고 한다. 그리고 순식간에 업무 생산성이 올라간 것은 더 말할 필요가 없게 되었다. 진정 이것이 '보이게 일하기'의 전형이 아닐까 생각한다.

17

생산성이 높은 사람의
일처리 노하우와 목차 인덱스

#1 인생의 그릇

양재동 고시텔 방 한 칸, 방 값 23만원.

2015년 5월 대구 촌놈의 서울 상경은 아주 초라하게 시작되었다. 누우면 다리가 닿는 공간에 옆방에 있는 사람과 함께 자고 있는 게 아닌가 하는 착각이 들 정도로 열악한 환경이었다. 그때마다 하루빨리 이 공간을 벗어나고 싶었다. 무엇보다 마음이 없으니 그곳에 정을 두기도 어려웠다. 그렇게 지내길 2개월 남짓 잠시 살다 나오게 되었다. 그 당시는 그릇 하나 준비하지 않고 그냥 대충 살았다. 왜? 얼른 나올 것이기 때문이었다.

많은 사람들이 결혼을 할 때면 평생 살 거라는 마음으로 고가의 화려한 세트로 된 그릇을 준비한다. 원룸에 살던 나와는 대조되는 모습이다. 무슨 차이인가? 바로 그 공간을 대하는 생각의 차이다. 잠시 머물것인가, 오래 머물것인가. 그 작은 차이를 바꿔 말하면 만반의 준비를 하느냐 준비하지 않느냐로 나타난다.

여러분은 혹시 업무에 대한 부피를 담아 둘 그릇을 잘 준비하고 있는지 궁금하다. 언제인가 2명의 신입사원이 입사를 했다. 그중 한 친구는 상사의 요청에 따라 열심히 업무를 수행한다. 늘 시키는 일을 잘 해내려고 노력한다. 하지만 또 다른 친구는 매우 독특하다. 시키는 일을 잘하려 하기 보다는 오히려 계속 질문을 하는 것이다. 그가 질문하는 요지는 이것이다.

'상사님, 혹시 제가 1년 안에 상사님의 위치에 서기 위해서 저는 어떤 업무 역량을 가져야 할까요? 그리고 그런 것들을 어떻게 담아 둘 수 있을까요?'

그러니까 그의 말은 담을 그릇을 준비하고 업무라는 요리를 해나간다는 말이다. 예전에 백종원 대표가 진행하는 요리 프로그램을 보다가 문득 깨달은 게 있었다. 고수들은 요리를 하기 전에 어느 정도의 양을 어떤 느낌으로 담을 것인지를 미리 생각한다는 것이다.

'담을 그릇!'

그렇다면 하수는 어떻게 요리를 하는가?

우선 요리를 한다. 그렇게 요리를 열~심히 한다. 그러다 요리가 끝나면 갑자기 바빠진다. 이 요리를 어디에 담아야 할지 그때부터 고민을 시작한다. 큰일이다. 값진 요리가 생각지도 않은 국 그릇에 담기거나, 사이즈가 맞지 않는 접시에 담긴다. 진정 그렇다면 볼품이 없는 것이다.

결국 담을 그릇에 담겨진 이미지를 그려 놓고 요리를 하느냐, 요리를 하고 나서 담을 그릇을 찾느냐의 차이가 실력으로 드러나는 것이다.

다시 업무로 돌아오면, 우리가 하고 있는 일의 결과는 어떤 것일까? 업무라는 요리를 하기 전에 어떤 그릇에 담을지 고민해보았는가? 그렇다면 담을 그릇은 준비를 해두었는가? 혹여 바쁘게 업무라는 요리만 열심히 하고 있지는 않은가?

앞으로는 그렇다 치자. 그럼 지금까지 했던 업무라는 요리는 잘 보관 되어 있는가? 다음에 그 업무를 하기 위해서 참고할 수 있는 정리 정돈된 상태인가?

팀 페리스의《타이탄의 도구들》서문에 이런 내용이 있다.

"나는 강박적인 노트 수집가이다. 18살 이후 나는 모든 것을 기록으로 남겨 왔다. 높이 2미터가 넘는 내 책장은 그 기록한 노트들로 가득 차 있다. 그것들은 나의 인생에 있어 깨달음과 비결들을 한데 모은 것이다."

다음 문장은 엄청난 인사이트를 던져주었다.

"내 삶의 목표는 한 번 배워 익힌 지식과 경험을 두고두고 꺼내 쓰는 네 있다."

부디 자신이 하고 있는 업무라는 요리를 일회성으로 끝나는 이벤트가 되지 않도록 생각해보길 바란다.

'담을 그릇에 제대로 된 요리를 담도록 하라!'

#2 바위를 들어 올려라

"알리바바 마윈도, 소프트뱅크 손정의도 벽에 부딪쳤을 때마다 열어보는 이나모리 가즈오의 절대 실패하지 않는 경영 철학."

묵직한 한방이 있는 책,《바위를 들어올려라》의 소개글이다.

500여 페이지에 달하는 벽돌을 연상하는 책. 그래서 벽돌을 하나씩 쌓아 올려 훌륭한 건축물을 완성한다. 이 책의 한 페이지마다 벽돌을 한 장씩 올리는 심정으로 읽었다. 그 순간 정수의 정수, 핵심의 핵심, 본질의 본질을 경험하는 묘한 기분이 들었다. 그러다가 다시 한 번 심장을 울리는 인생 구절을 만났다.

'보일 때까지 생각한다. 어떤 일을 하든지 미리 그 결과가 보이는 상태에서 시작해야 한다.'

그 결과가 보이는 상태에서 시작해야 한다. 도대체 이 말을 이해할 수 있겠는가 '시작하면 좋다, 시작하길 바란다.'도 아니다. 그야말로 'Must'다. 해도 그만, 안 해도 그만이 아니고, 무조건 해야 한다는 것이다.

어떤가? 결과가 보이기는커녕, 시작도 하기 전에 결과에 대해서 생각해보지 못했다. 그러기에 보이는 현상을 넘어 보이지 않는 본질, 핵심, 가치 등을 보아야 한다. 하지만 쉽지 않다. 그것은 고도의 집중을 요하는 행동이다. 하지만 이 결과가 보이게 도와주는 도구가 있다. 그것이 바로 '목차 인덱스'다.

임영균 저자의 《업무의 신》에 좋은 개념이 많이 있지만, 그중에서도 가장 눈에 들어온 개념은 일을 시작할 때 가장 중요하게 생각해야 할 2가지에 대한 부분이었다.

'일의 목적 why & 일의 결과 output image'

항상 일의 목적에 대한 중요성은 알고 있었지만 일의 결과, 아웃풋 이미지를 생생하게 그려야한다는 것을 깨달을 수 있었다. 새로운 개념이었다.

#3 생산성

'출력 이미지부터 가져라.'

초 정리력

이나모리 가즈오, 임영균 저자와 더불어 큰 인사이트를 준 《생산성》의 일부이다.

> "글로벌 혁신 기업들의 신입사원 연수 시 배워야 하는 자료 작성 방법의 요점 중 가장 중요한 점은 출력 이미지, 즉 업무의 완성된 이미지를 처음부터 갖는 것은 목표가 무엇인지를 처음부터 의식해두는 일이다."

신입사원 연수에서 요점 중 가장 중요한 점이 고작 출력 이미지라니, 이에 놀라 크게 한방 맞은 기분이 들었다. 그러나 가만히 생각해보니 그럴 수도 있겠다는 생각이 들었다.

무엇보다 일을 잘하기 위해서는 어떤 이미지를 그려낼 것인지 고민이 필요하다. 위에서 언급한 것처럼 보일 때까지 생각하는 것을 정리하면 '보일 때까지 출력 이미지를 그려내는 것'이다. 덧붙여 이에 관한 문장 또한 심금을 울린다.

> '블랭크 자료를 만들어라.'

블랭크 자료는 텅 빈 자료를 만들라는 말이다.

> '컨설팅 회사에서 블랭크 자료를 만들지 않고 정보 수집을 시작하

는 일은 불가능(혹은 금기사항)하다. 보통 상사나 고객으로부터 자료 작성을 요청받은 직원은 우선 블랭크 자료를 만들고 상사나 고객에게 보여주어 출력 이미지를 공유한 후에 정보수집이나 분석에 착수한다.'

그런 관점에서 중요한 개념을 만났단 생각에 흥분되었다. 먼저 자료 작성을 할 때를 생각해보자. 우선 자료의 출력 이미지를 그린다. 그다음 블랭크 자료를 손 안에 가진다. 바로 이 부분이 지금부터 설명하고자 하는 '목차 인덱스'와 밀접한 관계가 있다.

업무에 있어서 프로젝트를 진행할 때 우선적으로 세네카를 작성한다. 그리고 자료를 모을 준비를 한다. 이 때 목차 인덱스 한 장을 앞에 꽂는다. 그런 후 어떤 형식으로 분류를 하면 좋을지 손으로 사용하여 본다. 그렇게 몇 번의 수정을 반복하다 보면 가장 적합한 분류기준이 반드시 생긴다.

예를 들어 설명해보겠다.

다음 주에 대학생들이 여행을 떠나려는 상황이다. 이에 관하여 어떤 것들이 필요할건가?

장소 섭외, 프로그램, 조 편성, 준비물, 식사 관련, 대관, 강사 섭외 등 여러 가지 준비를 해야 한다.

그럼 간판(세네카)을 프로젝트(중분류)-여행(소분류)이라고 만든다.

그 후 목차 인덱스를 만든다.

1. 장소 섭외
2. 강사 섭외
3. 조 편성
4. 프로그램
5. 준비물
6. 식사 관련
7. 대관
8. 기타

어떤가? 시작하기 전에 뭔가 끝난 느낌이 들지 않는가? 필자는 업무를 시작할 때 머리로 생각하지 않는다. 아니 머리를 믿지 않고, 펜을 든 손끝의 힘을 믿는다. 그래서 항상 목차 인덱스 위에서 생각을 하는 것이다.

신기하게도, 허공에 떠도는 생각들이 목차 인덱스 위에서 여러 번의 분류를 진행해가다 보면 일의 윤곽이 그려진다. 아니 업무의 엔딩 이미지가 그려진다. 그때 비로소 시작을 한다. 마냥 속도가 안 날 수 없고, 결국엔 일이 재미가 있을 것이다. 자! 이제 여러분이 그 기쁨을 느껴볼 차례다!!

뒤의 예시들을 통해 목차 인덱스의 무한한 확장성을 경험해보자.

18

목차 인덱스를 활용한 교재,
독서노트, 콘텐츠 만들기

#1 교재를 만드는 방법

회사에서 진행하는 교재 목차 인덱스다. 교육생들에게 교재로 챙겨
드리면 다들 감동을 한다.

왜! 그럴까? 그것은 과정을 진행하는 흐름이 보이고, 벌써 무엇인
가 채워진 느낌을 가지고 시작하기 때문이다. 최종 이미지를 그려주
기 때문에 목차 인덱스는 강력하다.

<몸mom 본깨적 I>

도서별 몸mom 본깨적을 넣습니다

Chapter 1 [강규형 본깨적] 공부가 된다 / 크리스티안그뤼닝 / 이순   재독횟수 1 2 3 4

Chapter 2 [강규형 본깨적] 춤추는 고래의 실천 / 켄블랜차드 / 청림출판   재독횟수 1 2 3 4

Chapter 3 [강규형 본깨적] 세계최고의 인재들은 왜 기본에 집중할까 / 도쓰카다카마사 / 비즈니스북스   재독횟수 1 2 3 4

Chapter 4 [리더 책] 독서천재가 된 홍팀장 / 강규형 / 다산북스   재독횟수 1 2 3 4

Chapter 5 [리더 책] 성과를 지배하는 바인더의 힘 / 강규형 / 스타리치북스   재독횟수 1 2 3 4

Chapter 6 [리더 책] 감정코칭 / 존카드멘칭체크메크 / 한국경제신문사   재독횟수 1 2 3 4

Chapter 7 [리더 책] 최고들의 얼머리 법칙 / 강무귀 / 라다북   재독횟수 1 2 3 4

Chapter 8 [리더 책] 핑크랭권 / 빌비숍 / 스노우폭스북스   재독횟수 1 2 3 4

인덱스 목차   엑셀스 순서대로 모든 서류 기업에 넣어스 넣으면 색인 사용하세요

Professional · Performance · Procus

#2 독서노트 만드는 방법

인덱스 목차 인덱스 순서대로 본래 제목을 기입하여 인덱스 앞쪽에 끼워 사용하세요. www.3pbinder.com

개인적으로 가장 좋아하는 목차 인덱스 형태이다. 독서를 하는 분들이 많다. 열심히 독서를 한 후 독서노트도 작성을 한다. 그러나 할 수도 있고 안할 수도 있다. 하지만 목차 인덱스를 가지고 한다면 상황이 다를 수도 있다. 명확하게 정리해서 분류된 모습을 그리고 시작할 수 있기 때문이다. 이렇게 앞으로 읽을 책들을 미리 분류하고 선정해두고 독서를 하면 좀 더 목적 있는 독서가 가능하지 않을까 생각이 든다.

#3 콘텐츠 만드는 방법

개인적으로 가장 만족스러운 목차 인덱스다. 지금까지 많은 책을 읽었다. 책을 읽고 콘셉트를 정리하는 연습을 많이 했다. 정리된 컨셉을 바탕으로 Binder & Book 콘텐츠를 생산해가는 중이다.

그야말로 지식의 소비자에서 지식의 생산자로 넘어가는 것이다. 읽는 독서만 했을 때 느껴보기 힘든 지적 카타르시스를 경험한다. 그래서 좋은 분이 좋은 책을, 좋은 방법으로 읽을 수 있게 도움을 주고 싶어진다. 좋은 책도 어떻게 읽느냐에 따라서 가치가 많이 달라진다. 그러므로 목차 인덱스를 통해 제대로 소화해서 삶에 적용하고 실천할 수 있게 인도해드리고 싶다.

PART 4

3단계 매뉴얼
채움을 통한 정리력

19

매뉴얼의 의미

#1 매뉴얼이란

기계나 컴퓨터 따위의 사용 방법이나 기능을 알기 쉽게 설명한 책. 순화어는 설명서, 편람, 안내서.

구글 검색에서 '매뉴얼'이라는 단어를 검색하면 나오는 사전적 정의이다.

일상에서 자주 듣고 흔히 쓰이고 있는 표현이기도 하다. 그래서 한번 물어보고 싶다. 당신에게 삶과 업무에 대한 매뉴얼이 잘 갖춰져 있는가?

그렇다고 확신을 가지고 고개를 끄덕일 분들이 그리 많지는 않을 것이다.

2017년부터 오피스파워 정리력이라는 서류 정리 관련 교육을 해오며 내 나름대로 매뉴얼에 대해서 새로운 정의를 내려 보았다.

"보이지 않는 암묵지를 보이는 형식지로 만드는 것. 오너가 가진 스피릿과 스킬을 함께하는 동료들과 볼 수 있도록 글과 이미지로 정리하는 것."

오너가 가진 것을 다 배울 수 없는 이유는 구체화된 형태로 있지 않기 때문이다. 그렇다면 눈에 보이는 것은 단순한 스킬이다. 보이지 않는 그 안에 있는 스피릿을 배우기는 어렵다.

매뉴얼이라 하면 당장 머릿속에 떠오르는 빡빡하게 적힌 글자들이다. 그러나 이제부터는 그 글자뿐만 아니라 숫자와 이미지를 적절하게 추가해서 좀 더 살아있는 매뉴얼을 만들어 보겠다.

#2 호모 카피쿠스

사람은 가지고 있는 것에 추가적으로 더 가지는 것보다, 가지지 못한 것을 채우는 것에 더 끌린다. 매뉴얼을 갖고자 하는 이유도 이 같은 결핍에 있다.

나는 대기업을 다녀본 경험이 없다. 그리고 서류 정리를 경험해본 적이 없다. 또 매뉴얼을 만드는 방법을 배우거나, 매뉴얼을 복제하고 확대하고 확산하는 것도 경험해보지 못했다.

'호모 카피쿠스Homo Copycus'

들어 보았는가? '복제형 또는 복사형 인간!'

교육을 하다 보면 괜찮은 자료가 나오면 사람들이 동시에 하는 행동이 있다. 그것은 사진을 열심히 찍는 것이다. 심지어 영상을 촬영하는 경우도 있다. 또 만나기 힘든 사람을 만나 인터뷰를 할 때 우리는 녹음을 한다. 그리고 하나라도 더 받아 적는다. 이와 같이 다 같은 본능에서 출발한다.

'갖고 싶다!! 있으면 좋겠다!!'

매뉴얼이 왜 필요한가? 이에 대해 '결핍 본능'에서 출발하기 바란다.

다르게 해석하자면, 내가 갖고 싶을 정도로 가치 있고 좋은 자료를 내가 만드는 것이다. 왜? 그것을 갖고 싶어 하는 사람들이 내게 몰려들 것이기 때문이다.

모델을 찾아다니기보다 직접 모델이 되길 바란다.

#3 매뉴얼이 아니라, 매뉴얼화化

지금껏 많은 교육생들을 만나왔다. 그런데 그들이 가장 힘들어 하는 것은 매뉴얼이 아니라, 전 단계인 정리정돈이 안 되는 것이었다. 정리정돈이 수반되지 않은 상태에서 매뉴얼을 만드는 것은 쉽지 않다. 앞에서 정리정돈을 먼저 이야기 한 이유이기도 하다.

모든 것을 다 매뉴얼로 만드는 것이 아니다. 그중에서 불필요한 것을 걸어내고 중요한 것, 소중한 것을 가려내고 그것들을 수시로 꺼내볼 수 있게 분류해서 가시화 하는 것이 효과적인 순서이다. 매뉴얼에 있어서 하나 덧붙이고 싶은 표현이 있다. 바로, 매뉴얼化다. 한마디로, 결과물이 아니라 매뉴얼이 만들어지는 과정에 대한 이야기다.

매뉴얼化를 하기 위해서 알아두면 좋은 팁을 몇 가지 전하겠다.

업무의 매뉴얼화를 위해서 가장 먼저 선행되면 좋은 것은 '표준화'이다. 지금까지 많은 시간 동안 공부도 하고 메모도 했다. 그래서 자료들이 책상에 가득하다. 그것들을 살펴본다면, 대부분 A4 사이즈로 정리가 많이 되어있을 것이다. 이 서류들을 정리함에 있어서 A4 사이즈와 함께 활용하길 추천하는 사이즈가 있다. 바로 A5인 것이다. 여기에는 놀라운 비밀이 하나 숨어있다. A4 사이즈를 70% 축소복사하면 A5 사이즈가 된다는 것이다.

A4는 보관하기에 좋은 사이즈다. 하지만 다른 사람에게 전해주고, 휴대하기에는 조금 크다. A5를 활용하면 생산성이 많이 올라간다. A4, A5 사이즈를 표준화해서 규격을 통일시키는 것. 꼭 기억하기 바란다.

두 번째로 필요한 것이 바로 '구멍Hole'에 대한 이야기다.

3P자기경영연구소 강규형 대표와 함께 미국 로스엔젤레스에 간적이 있다. 그곳에 있는 UCLA 대학교와 USC 대학교에 방문했다. 그리고 우리는 대학교 서점과 도서관에서 긴 시간을 보냈다. 바로 그때 눈

을 사로잡은 것이 있었다. 그것은 학생들이 서점에서 나올 때 5~10권의 노트를 구매하는 모습이었다. 대학교를 10년을 다닌 나는 그동안 돈 주고 산 노트가 10권도 채 되지 않는데 그곳에서 순간적으로 바라본 대학생들의 모습은 충격이었다.

그러나 더 충격적인 건 노트의 구성이었다. 그곳에는 모든 것이 3공으로 이루어져 있었다. 노트뿐 아니라 심지어 책받침이나 자료들 하나하나 3공으로 되어있었다. 3공으로 된 노트는 찢어서 분류할 수 있도록 약한 선의 칼로 그은 것 같은 실 홈이 들어가 있었다. 한참을 그게 무슨 의미인가 궁금해 했다. 뒤에 알게 되었는데 그것은 '찢어서 분류 하겠다'는 것이라고 하는 것이다.

구멍은 결국 관리하겠다는 의지의 표현이다.

순간 전율이 흘렀다. 대한민국의 현실은 어떤가? 그저 지식을 열심히 받아 적는 것에 머무르고 있지 않은가? 지식의 소비자로 누군가의 생각을 수동적으로 기록하는 수준이다.

미국 학생들은 열심히 적지만 목적이 다르다. 찢어서 분류하겠다는 것이다. 누군가의 지식을 소비만 하고 그치는 게 아닌, 그 지식을 소화한 뒤 재편집해서 지식의 생산자가 되겠다는 결국 '주인답게 살겠다'는 표현이 아닐까하는 생각이 들었다.

이 작은 행동 하나가 가진 지식의 격차가 느껴지는가?

세 번째로 '디지로그'이다. 디지털과 아날로그의 합성어이다.

매뉴얼화

종이규격 표준화   구멍으로 관리   메인바인더   서브바인더

지식의 거장이신 이어령 박사님의 도서 제목이기도 하다. 한마디로 자료를 디지털로 출력하고, 그것을 바탕으로 감성을 담아 손으로 수정하고 보완해 가는 개념이다.

지금까지 손으로 적어가며 지식을 기록했다. 더불어 프린팅한 자료를 분류하고 보관할 수 있다면 생각하는 많은 것들을 실제로 구현할 수 있다. 속도와 정확도를 동시에 잡는 탁월한 방법이다.

마지막은 '메인 바인더와 서브 바인더의 활용'이다.

처음에는 지식을 잘 기록하고 모은다. 그렇게 모아진 자료는 체계적인 기준을 바탕으로 분류한다. 분류가 되지 않은 지식은 쓰레기와 다를 게 없다. 휴대하면서 다니는 메인 바인더에 쌓인 자료가 보관하거나 보존하는 서브 바인더로 옮겨진다는 개념 자체만으로도 지적 자극의 수준이 달라진다. '열심히 기록 할래'와 '기록한 것을 잘 분류해서 활용 할래'의 생각은 질적으로 다른 행동을 낳는다.

　정리하면, 종이 사이즈를 표준화하고, 구멍으로 관리하고, 디지로그를 활용해 메인과 서브바인더로 분류하고 이관하여 매뉴얼化를 해보자는 것이다.

20

표준전쟁, 그 위대한 여정

#1 표준을 만드는 자 vs 표준을 따르는 자

햄버거의 표준은? 맥도날드

아이스크림의 표준은? 배스킨라빈스

도넛의 표준은? 던킨 도넛

떡볶이의 표준은?

의외로 바로 답변하기 애매하다. 들어보았는가?

'떡볶이 고추장의 비밀은 며느리도 모른다.' 그렇다. 우리는 이렇게 지식이 내 삶의 끝과 함께 사라지는 시스템에 살고 있다.

세상의 리더가 되기 위해서는 표준을 만들어가는 자세가 필요하다. 표준을 만들 것인지, 누군가의 표준을 따라갈 것인지 다시 한 번 생각해보길 바란다.

#2 표준전쟁

'총성 없는 3차 대전…표준전쟁'

책 제목이 심상치 않다. 연합뉴스에서 보도한 ○○사령부에서 발간된 책이다. 지난날 학창시절 세계사를 공부할 때 주관식 답으로만 알았던 진시황의 중국 대륙 통일은 그 안에 놀라운 표준에 관한 이야기가 있었다.

군사부문의 표준화, 문자, 도량형, 법률, 행정조직 등 국가 전반에 걸친 표준 확대 적용,

그로 인해 진정한 의미의 대륙 통일이 완성되었다는 점이다. 특히 수레바퀴의 표준을 통해서 전국으로 넘나드는 속도가 엄청나게 개선되었다고 한다.

이제 대한민국이 1일 생활권이라고 하는 말이 낯설다.

1일이 아니고 반나절 생활권이다. KTX와 SRT를 이용하면 서울에서 부산까지 3시간 정도면 간다. 서울역에서 출발해 오전에 해운대에서 커피 한잔에 미팅을 하고 저녁에 다른 미팅을 할 수 있는 상황이다. 이 역시 운송수단의 질적 표준이 향상된 결과가 아닌가 싶다.

또 하나 중요한 사건이 눈에 들어왔다.

미국 전쟁 역사상 가장 많은 희생자를 낸 남북전쟁(1861-1865)에서 승패를 가른 최대변수가 개인화기인 '소총'의 표준화였다는 것이

다. 이후 표준의 위력을 체감한 미국사회가 표준을 각 부문에 확대 적용하면서 오늘날 세계 유일의 초강대국 미국의 초석을 다졌다는 분석이 나온다.

남북 전쟁에서 북부 연합군이 승리한 결정적인 이유가 있다.

당시 남부의 낙후된 철도시설은 병력 수송이나 물자 보급에 큰 보탬이 되지 못했다. 반면, 북부 도시 사이의 훌륭한 철도로는 군대와 군용품들을 값싸고 빠르게 이동시킬 수 있었던 것이다. 또한 초기에 북부는 조선소, 기선, 강, 배, 그리고 함대의 80% 이상을 통제하였다. 그로 인해 전체적인 통제가 중요한 요소인 전쟁에서 승기를 거머쥐게 되었다.

'진시황의 중국 통일, 미국 남북전쟁에서의 북부의 승리'

지금도 전 세계는 표준전쟁중이다. 누가 표준을 선점할 것인가?

새삼스레 표준Standard이라는 단어가 낯설게 느껴진다.

21

피가 통하는 매뉴얼

#1 도요타의 DNA

27살에 부푼 꿈을 안고 호주로 유학을 갔다. 퍼스Perth라고 하는 호주 서쪽 지역으로 갔다. 그때 낯선 타국에서 맞이한 광경은 경이로움 그 자체였다. 퍼스 국제공항에서 리무진 버스를 타고 가던 중 충격을 받았다. 여기가 과연 호주가 맞나 싶을 정도로 한 회사의 자동차가 많았던 것이었다. 그것이 바로, 도요타Toyota이다.

도요타 자동차가 10대라면 현대 자동차는 2대 정도 보였다. 도요타는 호주뿐만 아니라, 전 세계에 수많은 곳의 자동차 시장을 석권하고 있다. 과연 이디서 이런 힘이 니오는 것일까?

어떤 강의에서 들은 이야기가 아직도 생생하게 기억난다.

도요타 자동차 내부의 조명등은 10년이 지나도 크게 이상 없이 사용이 가능하다는 것이다. 내부 조명등 하나도 성능이 뛰어난데 자동차 주요 부품에는 얼마나 더 큰 정성이 들어가겠는가?

도요타에 관심을 가지게 된 결정적 계기는 바로 도요타의 DNA를 알게 되면서다. 1대 회장 도요타 사키치, 2대 도요타 기이치로, 3대 도요타 쇼이치로, 그리고 현재 도요타 아키오에 이르는 DNA. 그 DNA는 바로 '문서'이다. 도요타는 문서화된 절차가 있으며, 그 문서를 통해 개선과 수정을 통해 진화한다.

'진화하는 유전자'를 가진 것이다.

계승과 같은 방침의 연속성은 도요타만이 가지고 있는 경영사상의 연속성을 종업원에게 강조하는 구조는 공식 규칙 체계의 바람직한 보존 방법이다. 문서화된 절차는 진화가 가능하고, 진화하는 유전자는 조직의 DNA로 심겨지고, 계승된다. 무서운 조직이다.

그렇다면 우리의 업무 현장은 어떤가?

#2 말이 아닌 Life

업무 현장에서 매뉴얼이 활용되는 이야기에 앞서 기획에 관한 특강을 들을 때 충격적인 실험을 이야기 하고 싶다. 이 이야기는 앞에 제1장 소통에서 간략한 예로 언급한 내용이기도 하지만 중요한 과정이므로 다시 한 번 구체적으로 재현해 보고자 한다. 당시 강사님의 표현을 그대로 옮겨보겠다. 한번 따라 해보길 바란다.

종이 한장을 꺼내주세요 → 반으로 접어주세요 → 다시 반으로 접어주세요 → 모서리중 한 부분만 접어주세요 → 접었던 모서리를 찢어주세요 → 쫙 펼쳐보세요.

강의 중 30명 정도 되는 분들이 펼친 종이의 모양이 어땠을까? 다들 다른 모양의 종이를 펼치고는 머쓱한 미소를 지었다.

그때 강사님이 이렇게 말했다. "제가 혹시 다른 말을 했나요?"

순간 큰 깨달음이 왔다. 종이 한 장 가지고도 이렇게 말하는 이의 의도와 다르게 받아들이는 모습. 이때 우리가 평소에 하고 있는 업무의 패턴이 떠올랐다. 말로 지시하고 설명하고 전달하는 패턴. 그러니 당연히 의도와 다른 결과들이 난무한다.

이후 패턴을 정리해보았다. 매뉴얼의 단계라고 말하고 싶다.

가장 낮은 단계가 말로 전하는 단계이다. 전달이 왜곡될 확률이 높다. 말보다 확실한 건 글이다. 글은 그나마 어느 정도 일치가 가능하다. 하지만 정확도가 조금 아쉽다. 글보다 강력한 도구는 그림이다. 글보다 더 명확하게 이해를 돕는다. 그림보다 더 강력한 도구는 뭘까? 바로 영상이다.

여기서 계속 고민을 해보았다. 영상을 쪼개보았다. 그러니 조금 더 다른 차원의 생각이 났다. 영상은 편집이 가능하다. 편집된 녹화 영상보다는 Live 영상이 더욱 생동감 있게 전달된다.

마지막 단계가 바로 Live 영상을 뛰어넘는 개념인, Life(삶) 자체를 보여주는 것이다.

정리하면, 말보다 글, 글보다 그림, 그림보다는 영상, 영상은 편집되지 않은 Live 영상, 최상위 단계는 바로 'Life' 그 자체인 것이다. 삶을 사는 것만큼 강력한 매뉴얼 전달 방법은 없지 않을까 생각한다.

지금 당신은 어떻게 매뉴얼을 전달하고 있는가? 매뉴얼을 최소한 글로 전달하길 바란다.

#2 절차의 힘

어린 시절 스쳐 지나갔던 무수한 영화 중 가장 인상적이었던 장면이 있다. 이 단어를 들으면 떠오를 것이다.

'Freedom~~~~~~~~~~~~~~~~~~~!!'

주인공 앤디 듀프레인(팀 로빈스 역) 주연의 《쇼생크 탈출》(영어: The Shawshank Redemption)이다. 처음 봤을 땐 영화가 와 닿지 않았다. 이후 20년이 지나 우연히 들게 된 한 권의 책에서 이 영화의 놀라운 의미를 깨닫게 되었다. 다작多作작가로 유명한 '사이토 타카시Takashi

Saito'의 《절차의 힘》이 바로 그 책이다.

책에서는 주인공 앤디가 감옥에서 탈출하는 여정을 '절차의 힘'을 통해 소개하고 있다. 앤디는 감옥에 들어온 순간부터 태평양 연안에서 배를 타고 편안한 삶을 사는 모습을 그린 후, 퍼즐 맞춰가듯이 하나하나 계산된 행동을 했다.

가장 충격적이었던 건 감옥에 있는 벽에 조그마한 망치를 활용해 구멍을 뚫기 시작한 것이다. 뚫은 구멍에서 나온 흙과 돌멩이를 매일 주머니에 넣어서 외부에 나와 버리는 행동을 20년 가까이 하며 감시를 피하기 위해 본인이 가진 강점을 최대 활용했다. 교도관들에게 가장 약점인 세금에 대한 부분을 컨설팅 해준 것이다. '비밀 장부'를 작성해주는 등의 도움을 주었다. 그렇게 느슨해진 감시 속에서 본인이 그린 그림대로 전개해나갔다.

가장 압권이었던 장면은 탈출하는 날!! 날씨가 천둥, 번개가 치는 날이었다. 요란한 굉음을 내는 탈출 시도 장면에서 날씨까지도 계산한 그의 치밀함이 인상적이었다. 이래서 영화사에 길이 남은 명작이구나 생각을 하게 되었다.

이렇게 길게 이야기한 이유가 무엇인가? 바로 '설자의 힘'을 이야기하고자 한 것이다.

어떤 일이든 한 가지 일에 정통한 사람들은 타인의 매뉴얼을 그냥 눈으로 보지 않는다. 타인의 매뉴얼을 보면서 왜 그렇게 만들어졌는지 의미를 찾는다. 그렇게 매뉴얼을 통한 배움으로 한 가지 일에 정통하면, 내면의 절차가 확실히 이해되기 시작한다. 그때 일어나는 일이 다른 일에도 쉽게 적용이 가능해지는 것이다.

예를 들어, 요리 고수와 바둑 고수가 만나서 이야기를 한다. 완전 다른 분야의 고수들이지만, 이야기가 너무나 잘 통한다. 고수들은 절차를 보는 힘이 있고, 절차는 분야를 막론하고 비슷한 패턴이기 때문이다. 일을 잘하는 사람들에게 공통적인 특징이 있다. 바로, 절차를 쪼개는 힘이 있다는 것이다. 제대로 쪼갤 수 있는 사람일수록 고수일 확률이 높다.

절차를 쪼개면 놀라운 일이 일어난다. 풀리지 않을 것 같던 문제가 만만해진다. 결과는 바꾸기 어렵지만, 잘게 쪼개진 것 한 가지씩 수정을 하다 보면 결과 값이 바뀌기 시작한다.

그렇게 절차를 보는 힘이 길러지면 절차를 직접 만들어 낼 수 있게 된다. 매뉴얼을 만드는 능력이 생기는 것이다. 즉, 진정한 실력을 갖추게 되었다는 말이다.

어떤가? 멀게만 느껴지던 매뉴얼을 만든다는 개념이 손에 잡히지 않는가?

이제 매뉴얼이라는 큰 산과 싸우지 말고, 매뉴얼이 만들어지는 절차를 잘 쪼개보기 바란다. 잘게 쪼개어 만들어진 절차를 수행하는 당신을 응원한다.

22

바인더를 활용한
매뉴얼화 3가지 방법

바인더라는 도구를 활용해 매뉴얼화하는 방법을 연마하고 있다. 처음엔 한 권씩 만들기에 급급했다. 어느 정도 양이 차니 흐름이 보였다. 그 흐름을 정리하니 크게 3가지로 분류가 되었다.

준비를 하는 단계, 진행 중인 스토리로 정리하는 단계, 그리고 프로젝트나 결과가 나온 상태를 정리하는 단계이다. 하나씩 살펴보도록 하자.

#1 준비 매뉴얼

사전 준비를 하는 것을 정리해 본 적이 있는가?

어떤 일을 시작하기 전에 항상 어떤 식으로 진행할지를 고민한다.

머리가 아닌 바인더 위에서 고민한다. 이것이 중요한 이유는, 의외로 우리는 준비에 대해서 크게 고민하지 않기 때문이다. 좋은 결과는 사전에 얼마나 잘 준비했느냐에 달려있다. 한 번 두 번, 준비한 것들이 정리가 되어 있으면 나중에 다른 과업을 진행할 때도 기록된 자료와 데이터를 가지고 편하게 진행할 수 있다.

실제로《초정리력》을 준비하는 기간에도 준비 매뉴얼을 만들었다. 서브바인더에 책의 목차와 1장부터 차례대로 큰 틀의 흐름을 출력을 했다. 시작 전 목차와 키워드 중심으로 장 별 분류만 했는데 엄청 빠르게 진행되었다. 어떤 날은 25페이지 분량을 작성하기도 했다. 대충 작성한 내용은 없다. 치열하게 고민해 놓은 내용을 키워드에 맞춰서 정리했을 뿐이다.

실제로 새로운 프로젝트를 진행할 때도 이렇게 큰 틀의 바인더를 만들고 시작하면 일을 쉽고 재미있게 할 수 있다. 꼭 한번 만들어 보길 바란다. 참고로, 준비 매뉴얼은 어떤 업무를 시작 전 기획하고 설계를 하는 분야에 적용하면 좋다.

#2 스토리 매뉴얼

두 번째로 '스토리 매뉴얼'이다.

많은 분들에게 정리력을 전달해드릴 때마다 아쉬운 게 있다. 분야에서 두각을 나타낸 분들이 많은데, 하나같이 어떻게 그런 결과가 나왔는지를 좀 알려달라고 하면 보여줄 내용이 하나도 없는 것이다. 그냥 말로만 설명을 해주지만, 알아듣기 힘든 게 당연하다.

신입사원이 들어왔을 때를 떠올려보자. 지금 신입사원에게 필요한 것은 잘나가는 팀장님의 고급스런 스킬이나 모습이 아니다. 팀장님의 첫 데뷔 시절의 모습이 필요하다. 그래야 지금 자신의 모습에 대입이 가능하기 때문이다.

실례로 3P바인더를 알려주신 영원한 스승, 강규형 대표의 바인더 중에서 가장 큰 도움이 된 것은 연, 월간 계획이 정리되어 있는 바인더이다. 그리고 1990년도에 이랜드 박성수 회장님의 특강을 손으로 적어둔 바인더다.

2권의 바인더를 통해서 엄청난 거인인 강규형 대표가 아니라, 하이퍼포머High Performer 이전의 한 사람으로서 강규형 대표를 볼 수 있었다.

더불어 항상 높은 성과만 낸 것이 아니라 힘든 시기도 있던 그의 삶이 보였다. 많은 위안이 되었고, 더 제대로 할 수 있는 자신감도 얻게 되었다. 이게 가능한 이유가 무엇인가? 바로 스토리를 볼 수 있기 때문이다.

어느 날 영어 학원장이신 한 분과 상담을 했다. 그 원의 학생들은 성적이 좋은 친구들이 많았다. 한번 여쭈어봤다.

'공부를 잘하는 친구들은 성과에 대한 인증을 받지만, 그렇지 못한 친구들은 어떻게 챙겨줄 수 있을까요?'

2시간 동안 진행된 상담 끝에 나온 해답은 이렇다.

'결과에 대한 인증을 넘어, 과정에 대한 인정'

학생들이 열심히 해서 좋은 성적(결과)을 얻는 것은 중요하다. 그러나 더 중요한 것은 그런 성적이 나오기까지의 성취과정을 경험하는 것이다.

자신이 어떤 과정을 통해서 성장했는지를 알게 되면, 이후 삶 속에서 어려운 시간이 와도 이겨낼 수 있다. 성취하는 과정이 있다는 걸 알고 있기 때문이다.

힘들어도 포기하지 않고 제대로 성장하고 싶다면, 자신의 업무와 삶의 스토리를 매뉴얼화하기 바란다.

#3 결과 매뉴얼

마지막으로 결과 매뉴얼이다.

어느 날 방송에서 고수들의 요리 대결을 본 적이 있다. 신기하게도 다들 마무리 하는 모습이 한결 같았다. 요리가 끝나자마자 식기나 그릇 등을 설거지 했다. 방송임을 감안하더라도 평소에 몸에 밴 모습이란 게 느껴졌다.

평소 일을 진행할 때 어떻게 마무리를 하는가?

마지막이 되면 피곤해서 흐지부지 마무리를 하는 경우가 많다. 이럴 때일수록 유종의 미를 거두는 게 중요하다. 제대로 정리하지 않으면 언젠가 시간을 다시 내야 하기 때문이다. 에너지가 이중으로 소모되는 걸 막아야 한다.

마지막 정리를 잘하기 위해서는, 모든 자료를 처음부터 완벽하게 정리를 하려는 마음보다 우선 다 모아두는 것이 중요하다. 사진은 사진대로, 서류는 서류대로. 다 하고 난 뒤에 어떻게 분류하는 게 가장 효과적인지를 고민하면서 정리하면 된다.

강사로서 가장 중요한 것은 강의의 내용을 결과로 정리하는 것이다. 그것이 다음 강의를 의뢰받거나 제안할 때 사용되는 핵심 자료가 되기 때문이다.

어떤 큰 프로젝트를 진행할 때 마지막에 정리가 잘 되어 있다면, 다음 프로젝트는 한결 수월하게 시작할 수 있다. 고속도로 휴게소에 화장실에 가면 이런 문구가 있다.

'뒷모습이 아름다운 사람이 됩시다.'

나는 이렇게 말하고 싶다. '뒷마무리가 깔끔한 정리를 합시다.' 피곤하고 힘들 때 그만두는 건 누구나 할 수 있다. 그 때 한 번 더 나아가는 사람이 결국 실력이 향상될 것이다.

초 정리력

23

버전업 매뉴얼

#1 시작의 힘, 0.1

많은 사람들이 무언가를 시도하는 데 두려움을 느낀다.

그 원인은 시작할 때부터 완벽하게 마무리를 하지 못할 것에 대한 걱정 때문이다. 최근에 사람들과 이야기 나누다 문득 뇌리에 스친 문장이 있다.

"한계를 생각하면 한 게 없고, 한 게라도 하면 한계가 없다."

그렇다. 할 수 없다고 생각하는 사람은 스스로 한계를 짓고 있기에 시작하지 못한다. 그러나 뭐라도 시작하면 못할 게 없다. 될 때까지 지속하면 뭐라도 된다.

매뉴얼을 만드는 과정에서도 가장 중요한 개념은 바로 작게 시작하는 것이다. 소위 0.1 버전이다. 나는 어느 순간 메모를 멋지게 정리하지 않게 되었다. 메모의 목적은 예쁘게 메모하는 것이 아니다. 그 메모를 바탕으로 더 나은 아이디어로 확장해서 실행으로 가기 위한 실마리를 얻는 것이다.

회의를 하거나 일을 진행할 때도 종이 위에 *끄적끄적* 적어 내려간다. 인원이 좀 있으면 화이트보드에 생각을 표현한다. 그렇게 적어 내려가는 아이디어를 만드는 게 핵심이다.

어느 날, 강규형 대표가 회사 회의 시간에《창업국가》에 나오는 일화를 전해주었다. 이야기는 이렇다. 이스라엘의 국무총리를 비롯한 고위급 인사들이 모인 회의에서 이스라엘 미래 경쟁력에 대한 논의가 활발했다. 그 때 한 청년이 의미 있는 이야기를 했다.

'이스라엘의 경쟁력을 올리기 위해서 석유 의존도를 줄여야한다. 그리고 전기 자동차를 만들어야 한다.'

모인 사람들은 집중하기 시작했고 그에게 물었다. '혹시 어떤 해결방안이 있습니까?'

그 청년은 이야기 했다. '저는 단지 아이디어만 있을 뿐입니다. 그리고 퍼즐을 맞춰가는 중입니다.'

듣는 순간 소름이 쫘악~~돋았다. 그렇다. 우리 인생은 결국 파편 같은 아이디어를 누가 집요하게 매달려서 생각하고, 퍼즐을 맞춰 가는가의 싸움이다. 그런 측면에서 머릿속에 있는 생각을 작게 적어나가는 것은 너무나 강력한 방법이다. 일단 그렇게 적어 나가다가 막힐 때까지 정리하면 그게 바로 0.1버전의 완성이다. 흔히 테스트용, 그 자리에서 생각나는 대로 작성한 수준이라고 생각하면 된다.

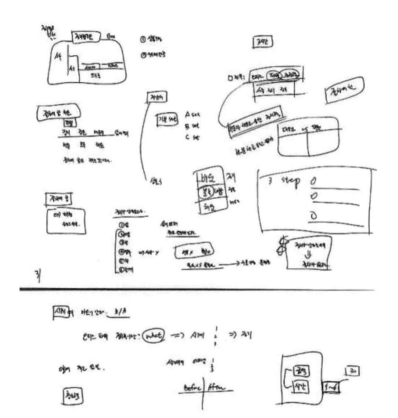

● 정리력 0.1버전

#2 출력의 힘, 1.0

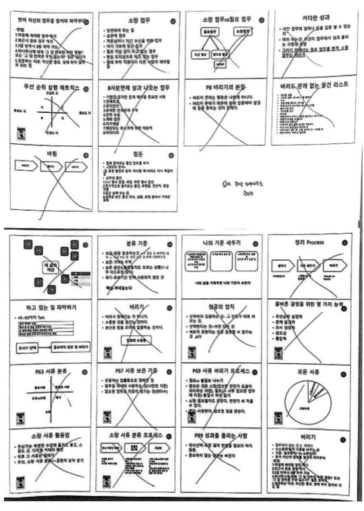

● 정리력 1.0버전

최초의 버전이 나왔다면 이제 본격적으로 일이 진행될 수 있다. 결과물을 보면서 누락된 부분이나 더 설명이 필요한 부분을 보완한 상태를 1.0 버전이라고 부른다.

'매뉴얼을 만드는데 있어서 가장 중요한 것은 매뉴얼을 만들 시간을 확보하는 것이다.'

《작은 가게 성공매뉴얼》의 저자 조성민 대표는 매뉴얼에 대해 이 점을 강조한다. 0.1 버전을 바탕으로 개선을 해나가는 것이다.

노동Labor과 일Work이라는 개념은 비슷해 보이지만 중요한 개념의 차이가 있다. 노동은 계속 같은 일을 반복하면서 '고생'하고 있다고 여기는 상황이다.

반면에 일은 '감사'의 마음으로 '개선'을 해나가는 것이다. 가장 큰 차이는 바로 개선여부이다.

내 인생에 가장 큰 철학이 된 개념 역시 개선과 연관된다.

'프로세스는 개선될 수 있다.'

강규형 대표가 교육 때 해준 뼈가 되고 살이 되는 말이다.

과정은 개선될 수 있다. 개선할 여지를 갖자. 그게 바로 0.1 버전이다. 순수하게 즉시 시작한 것이 있다면, 우리가 해야 할 일은 명확해진다. 그것을 개선해 나가는 것이다.

그렇게 개선을 한 최초의 출력본이 1.0 버전이라고 생각하면 된다. 0.1버전이 손으로 끄적여 완성된 거라면, 그것을 바탕으로 수정하고 보완해서 완성한 것이다.

여기서 또 하나의 핵심 키워드는 '출력'이다.

디지털 기기 안에서 개선은 쉽지 않다. 그래서 항상 자료는 출력해서 개선하고 수정해야 한다. 의외로 컴퓨터나 휴대폰 화면에서 잘 보이지 않던 개선점이 출력한 아날로그 종이에 손을 짚어가면서 읽어보면 보이는 경험이 있을 것이다.

묶음 시간을 활용해 1.0 버전 자료를 최대한 정리를 해보자. 완료했다면 매뉴얼화의 8부 능선을 넘은 것이다. 이 시간을 확보하는 게 가장 어려운 작업이다.

#3 편집의 힘, 2.0

최초 버전의 수정을 통해 나온 1.0 버전을 가지고 버전업을 하는 순간이 왔다. 이때 필요한 것은 바로 '편집Editing'이다. 편집에서 필요한 2가지 기능은 순서를 제대로 재배열하는 것과 적절한 이미지를 첨부하는 것이다.

준스피자 조병준 대표는 피자를 개발하고 연구할 때 항상 피자의 완성본을 이미지로 출력했다. 그것을 바탕으로 관련 내용들을 타자를 치거나 수기로 작성을 해갔다.

카페허밍 조성민 대표 역시 메뉴를 개발하고 매뉴얼을 만들 때 이미지화 된 절차와 더불어 만드는 순서를 순차적으로 작성했다. 오너가 없이도 두 곳 모두 운영이 될 수 있는 시스템을 개발한 것이다.

정리력 강의를 하면서 가장 호평을 받는 부분이 있다. 사진 500장을 10분 안에 정리해서 매뉴얼로 만드는 것이다. 다름 아닌 Power-Point의 '사진앨범'기능을 활용하는 방법이다.

먼저 파워포인트에 삽입 버튼을 클릭한 후 사진앨범 을 클릭한다. 파일/디스크 를 선택한 후 가져올 사진들이 있는 폴더 에서 사진들을 클릭한다. 레이아웃/프레임 을 원하는 형식으로 선택한 후 만들기 를 클릭한다.

PPT 장표에 사진이 한 장 또는 네 장씩 정렬이 된다. 해당사진에 간단한 설명을 덧붙인 후 출력을 하면 보기 좋은 2.0버전의 매뉴얼이 생긴다.

이런 기능을 활용하면 업무나 생각의 패턴이 달라진다.

예를 들어 똑같이 블로그를 하더라도, 파워 블로거 흔히 인플루언서와 일반 블로거는 글을 쓰는 순서가 다르다. 보통 사진을 열심히 찍는다. 그리고 그 사진을 바탕으로 글을 하나씩 정리를 한다. 일반적으로 블로그를 쓰는 패턴이다.

파워 블로거들은 다르다. 우선 사진을 막 찍지 않는다. 어떤 글을 쓸지에 대한 구상을 하고 기획을 먼저 한다. 이후 퀄리티, 구도나 각도 등을 고려해서 사진을 촬영한다. 당연히 불필요한 순간이 줄어든다. 그렇게 기획된 틀에 맞는 사진을 촬영하기에 이후 포스팅을 하기도 수월하고 효율이 높다.

비단 블로그 예시 뿐 아니라, 일상이 그렇다. 일을 할 때 무작정 열심히 하는 사람이 있는 반면, 이 업무의 흐름을 읽고 어떤 패턴으로 갈 것인지를 미리 그려본다면, 그 때 필요한 장면을 그린다. 그 장면을 하나씩 사진이나 글로 표현해내면 그 자체의 연결을 편집하면 괜찮은 2.0 버전의 매뉴얼이 탄생하는 것이다.

#4 공유의 힘, 3.0

매뉴얼을 만드는 궁극의 이유는 무엇일까? 업무의 상향평준화를 만드는 것이 아닐까싶다.

전 세계에 뻗어 있는 굴지의 일본 회사가 있다. 어떤 물건을 전시해도 어색하지 않게 만드는 브랜드, 무인양품, 바로 '무지Muji'이다.

《무인양품은 90%가 구조다》의 저자 마쓰이 타다미쓰는 2001년에 망해가는 회사에 사장으로 취임했다. 38억엔의 말도 안 되는 적자로 심각한 위기 상황에 온 그가 가장 먼저 한 행동은 조직의 풍토를 바꾸기 위한 구조를 만드는 일이었다.

"기업의 힘을 결정하는 것은 디테일이고, 그것이 바로 구조이다."

어떤 작업이라도 '잘 할 수 있는 법칙'이 있다.

이를 발견하고 표준화한 것이 구조라며 조직과 업무를 구조화하는 작업에 집중했다. 그는 구조화를 하는 상황에서 핵심을 제대로 짚었다.

'매뉴얼은 현장을 모르는 관리자가 아니라, 그것을 활용할 사람이 만들어야 한다.'

보통 만들어진 매뉴얼을 그대로 활용하는 경우가 많다. '죽어 있는 매뉴얼'이다.

매뉴얼은 위에서 밑으로 내려오는 게 아니라, 아래(현장)에서 위로 올라와야 한다. 그것이 바로 '피가 통하는 매뉴얼'이다.

각 개인이 하고 있는 일을 버전업을 통해 0.1에서 2.0버전으로 만들 수 있다면 그 조직은 살아있는 조직일 것이다.

살아있는 조직에서 만든, 피가 통하는 매뉴얼로 순환을 시키면 된다. 동맥경화 걸린 조직에 피가 통하게 되면 조직은 다시 활성화 된다. 그러기 위해 필요한 것이 바로 매뉴얼의 공유이고 그로 인한 확장이다.

많은 사람들은 자신의 노하우를 아낀다. 인생을 어렵게 살겠다는 의지다. 열심히, 혼자 'Plus'해나가겠다는 것이다. 하지만 제대로 일을 하는 사람들은 'Multiply'한다.

'증가가 아닌 배가의 원리!'

이렇게 공유와 확장이 되기 위한 전제 조건이 있다. 서로의 신뢰를 바탕으로 정보 공유를 해야 한다는 것이다. 사소하지만 중요한 태도의 문제이다. 지금 있는 곳을 한 번 둘러보라. 업무의 맥이 보이는가? 맥박이 흐르고 피가 통하는 모습이 보이는가? 그렇지 않다면 꽁꽁 싸매고 있는 나의 알량한 지식을 타인에게 공유하길 바란다.

'고인 물은 썩는다. 고인 지식은 두뇌변비를 일으킨다.'

속에서 썩어지게 두지 말고, 세상으로 내보내 잘 순환시켜주자.

PART 5

Me親 사람들의
필살기, 정리력

24

시간을 지배하는 자가
인생의 주인이 된다, 시간 정리력

2013년 1월 26일부터 지금까지 시간을 바라보고 있다.

시간을 바라본다는 것이 무슨 말일까?

수많은 자기 계발 서적을 읽으면서 느낀 것은 화려한 기술보다, 진한 육수 같은 철학과 본질이 더욱 중요하다는 것이다. 시간에 대한 많은 내용 중 가장 선명하게 들어온 철학은 바로 피터드러커 교수님의 이야기이자, 존경하는 강규형 대표의 시간 관리 강의의 핵심이다.

"너의 시간을 알라."

시간을 알기 위해서 우리는 자신의 시간을 볼 수 있어야 한다. 시간을 본다. 시간이라는 것은 고차원이기 때문에 보기 힘들다. 한 차원 낮춘 시계가 그렇게 생겨났고, 또 한 차원 낮춰서 시간 관리 양식지들이 나왔다. 지금까지 내가 쓰고 있는 시간 관리 양식지에는 시간을 화살

표로 표현할 수 있다.

"특허받은 시간 관리"

양식지에 특허를 받기는 쉽지 않다. 그 어려운 것을 해낸 양식지를 2013년부터 줄곧 쓰고 있지만, 전혀 쉽지 않았다. 그래서 더욱 고민하고 개선하면서 현재까지 사용하고 있다.

그간의 경험을 통해서 깨달은 이야기를 하자면, 시간 정리력은 스타의 시간을 제대로 이해하고 그 시간에 어떤 생산적인 일을 하느냐는 것이다.

"스타의 시간"

시간력이라는 책에서 알게 된 개념이다. 인간의 뇌와 정신적인 능력이 가장 좋은 상태일 때를 말한다. 그 시간에 깨어있는지? 깨어있다면 그때 내가 하고 있는 일은 어떤 일인지? 아래 3가지와 관련된 일을 하고 있는지 고민해볼 필요가 있다.

'창조적인 일, 꼭 해야할 일, 단번에 해내야 하는 일'

시간으로 이야기하자면 새벽 4시~8시 정도라고 생각하면 된다. 이 시간에 나는 어디에 있는가? 따스한 침대에 누워있다면 시간의 주인이 되기는 어렵다. 아니 많이 애써야 하는 상황이 생긴다. 아무리 오후 시간에 집중을 하려 해도, 우리의 신체리듬은 그렇게 흐르지 않는다. 그러므로 우선 이 시간에 깨어있는 사람으로 변화가 필요하다. 단순히 깨어만 있어도 안 된다. 그 시간에 어떤 일들을 하는지 돌아볼 일이다.

"예측하지 말고, 사실을 파악하라."

예전에 강의에서 듣고 참 많이 뼈를 맞은 느낌을 받았다. 보통 시간에 대해서 이야기를 할 때 가장 많이 하는 실수다. 내가 보낸 시간이 기록이 되어 있지 않으니, 자신은 바쁜 사람이고, 일이 너무 많았고, 독서나 자기 계발할 시간이 없었다는 말이 나온다.

2013년 1월부터 시간을 기록하면서 느꼈다. 정말 흘러가는 시간이 많고, 집중이 안 되고, 덜 중요한 것들로 뒤덮인 삶을 살고 있었다는 것을….

지금 당장 당신의 시간을 기록하라. 처음부터 무리하지 않길 바란다. 내가 보낸 시간부터 기록해보길 바란다. 그렇게 기록된 시간을 바탕으로 나의 리듬과 효율성 등을 점검해보길 바란다. 그렇게 매주 시간 실험을 하는 것이다. 실험은 결과에서 끝내지 말고, 그 결과를 바탕으로 개선해서 다음에 더 좋은 실험을 하려고 노력하면 된다.

24시간 365일을 꼼꼼하게 계획하고 관리하는 것보다, 정말 양질의 시간대인 스타의 시간에 얼마나 효율적이고 중요한 일을 하고 있는지를 제대로 알고 실행한다면, 당신의 시간에 대한 밀도는 점점 더 진해질 거라 확신한다.

"스타의 시간에 스타다운 행동을 해라."

25

책 속 본깨적과 정리 본깨적을 통한
독서 효율을 올리다, 독서 정리력

"독서를 하면 진짜 사람이 변할까?"

평소 이 질문을 가지고 살았다. 거기에 대해서 말해주고 싶은게 있다. 바로 '독서 정리력'이다. 독서를 하는 사람들은 많다. 그에 비해 독서를 통해 진짜 변화하고 성장하는 사람은 드물다. 성장과 밀접한 연관이 있는 게 바로 '재독' 여부이다.

> "좋은 책은 5번 이상 읽어야 한다.《핑크펭귄》은 20번 이상 읽었으면
> 좋겠다."

《핑크펭귄》의 서문에 적힌 강규형 대표의 표현이다. 이 말을 듣고 얼마나 소름이 돋았는지 모른다. 9년이라는 시간을 통해 내가 내린 독서의 핵심은 "책속 메모와 귀접기를 통해 좋은 책을 주기적이고 습관

적으로 재독하는 것"이라 말하고 싶다.

재독을 하기에 좋은 2가지 방법이 있다. 바로, '책 속 본깨적'과 '정리 본깨적'이다.

책 속 본깨적이란, 책을 읽으면서 책의 핵심에 밑줄을 긋거나, 별표시, 의미 있는 기호들을 표시하며 보는 것, 그것을 바탕으로 나의 언어로 생각을 적거나 질문을 작성하는 것, 그리고 한 가지라도 즉시 업무나 삶에 적용하는 것을 말한다.

우리가 지금까지 책을 읽어도 변화하기 힘든 이유는 재독을 하지 않아서이다. 더불어 재독을 하고 싶어도 재독 할 때 책 속에 명확한 핵심이 보이지 않기 때문이다.

그러므로 지금부터 책 속에 낙서하면서 줄도 긋고 메모도 많이 하면서 정리를 해보길 바란다.

"깨끗하게 읽으면 깨끗하게 지워진다."

책 속 본깨적과 더불어 활용하면 좋은 게 있다. 바로 '정리 본깨적'이다. 책 속에 적은 핵심적인 내용과 나의 깨달음, 적용할 거리 등을 노트에 옮겨 적는 것이다. 차이가 있다면 휴대 유무이고, 그로 인해 재독할 때 활용할 수 있다는 장점이 있다. 더불어 이렇게 정리하면 진짜 지식의 생산자가 될 수 있다.

"기록하는 순간 지식이 되고, 분류하는 순간 지식화가 된다."

책 속에 있는 귀한 지식들을 노트에 옮겨 적은 후 그 내용들을 다시 더 세분화해서 활용 가치를 올릴 수 있다.

《타이탄의 도구들》의 저자 팀 페리스 책에서 서문에서 너무나 귀한 개념을 발견했다.

"18세부터 모든 것을 기록으로 남겨왔다. 2미터가 넘는 책장에는 보석 같은 내용들로 가득하다."

그 다음 문장이 인생의 또 한 번 전환점을 주는 개념으로 다가왔다.

"한 번 배워 익힌 지식과 경험을 두고두고 꺼내 쓰는 데 있다."

'두고두고 꺼내 쓰는 시스템!!'

그렇다. 대가들은 하나같이 말한다. 기본이 중요하다. 반복이 필수다. 책을 잘 읽고 정리하기 위한 정리를 내려놓길 바란다.

왜 정리해야 하는가?

정리를 잘해서 그것에 만족하는 소비적인 독서를 넘어 정리한 것을 다시 보고, 다시 익히고, 두고두고 꺼내 쓸 수 있는 시스템으로 만들어 보길 바란다. 그렇게 하여 생산적인 독서가가 되고, 독서 정리력을 통해 독서로 진짜 제대로 폭발적인 성장을 마주하길 바란다.

26

무거운 영상을 가볍게 전하다, 영상 정리력

강의 춘추 전국 시대!

비대면 시대에 가장 많이 바뀐 현상은 '강의 문화'이다. 이제는 국경도 없고, 시공간의 제약도 적다. 누구나 강의를 할 수 있게 되었고, 누구나 어디서든 언제라도 원하는 강의를 들을 수 있는 시대다. 그럼에도 불구하고 성장하는 사람과 그렇지 못한 사람들은 차이가 있다. 바로, 미디어를 다루는 여부이다.

하대석 작가의 책 《미디어가 되라》에는 앞으로 두 부류의 사람들로 갈릴 거라는 예측이 나온다. 미디어를 보는 사람과 미디어가 되는 사람. 자신이 하는 일상을 미디어로 잘 만드는 것이 중요해지고 있으며, 앞으로 더욱 중요해질 요소라는 것이다. 혹시 지금 사진과 글, 영상을 자신만의 미디어로 잘 축적해 가고 있는가?

그렇지 않다면 이번에 나눠드리는 내용을 잘 적용해보길 바란다.

영상 정리력!

영상은 본질적으로 무겁다. 부피도 크고 용량도 많이 차지한다. 당연히 전달하고 공유하는 데 있어서 제약이 많이 따른다. 그러나 가지고 있는 힘은 강력하다. 말보다 글, 글보다 이미지, 이미지보다 영상이 더욱 사람들에게 전달력이 크다.

이 무거운 영상 매체를 가볍게 만드는 방법이 있다.

핵심은 '영상의 URL화'이다.

맞다. 당신이 생각하는 그 'URL'

URL로 만들기 전에 해야 하는 단계가 있다. 우선 영상을 촬영해야 한다. 크게 휴대전화나 카메라를 활용하는 방법이 있다. 더불어 요즘 많이 주가가 올라가고 있는 '줌 미팅Zoom'을 통해 실시간 영상을 촬영할 수 있다. 내가 원하는 영상을 시간과 장면을 편집해서 녹화할 수 있는 프로그램이 있다. 오캠Ocam프로그램이다. 이렇게 영상으로 촬영을 한 후 다음 단계로 넘어간다.

무거운 영상들을 가볍게 URL로 만드는 것!

몇 가지 방법을 살펴보고자 한다. 먼저 가장 대중적인 방법은 유튜브Youtube를 활용해서 영상을 업로느하는 방법이다. 이때 중요한 것은 영상을 유튜브로 만들기 할 때 저장에서 옵션을 선택할 수 있다. '비공개'로 하면 나와 내가 선택한 사람만 시청할 수 있으며, '공개'는 누구나 다 시청할 수 있다. 여기서 가장 추천하고 싶은 방법이 '일부 공개'이다. 일부 공개를 할 시 동영상 링크가 있는 사람은 누구든 시청할 수 있다. 한마디로 제어권이 나에게 있다는 것이다.

두 번째 방법은 '비메오Vimeo'라는 프로그램이다. 이 프로그램은 유튜브에 비해서 영상의 질이 높다. 어떤 매체를 비용을 받고 판매를 해야 하는 상황이라면 유튜브 보다 비메오로 업로드하길 추천한다. 참고로 비밀번호를 건다든지, 여러 가지 옵션을 걸 수 있다는 점에서도 장점이 많다. 단, 약간의 비용이 발생한다는 점을 잘 참고해서 선택하길 바란다.

최근 가장 많이 활용하는 방법은 '노션Notion'프로그램이다. 노션은 핵심이 영상을 업로드하는데 시간이 많이 단축된다는 것이며, 영상 자체를 전송하는데 최적화되어있다. 영상만 보내기보다, 영상에 대한 설명을 첨부하고 흐름상 내용을 더 추가해서 상대가 제대로 볼 수 있게 편집할 수 있는 장점이 있다. 현재까지 거의 무한대에 가까운 저장 공간이 있다는 점 역시 큰 장점을 지니고 있다. 여튼 어느 매체랄 거 없이 모든 자료를 URL화 해서 가볍게 만들면 된다.

마지막으로 해야 하는 단계는 가벼워진 'URL화 된 영상'을 문자나 이메일, 블로그 첨부 글 등에 알맞게 첨부하는 것이다. 그러니 평소에 업로드 된 'URL'을 영상 제목과 잘 분류해 두는 작업이 필요하다.

위에서 알아본 3가지 프로세스는 한마디로 표현하자면, 중(무거울)에서 경(가벼울)로 갔다가 다시 중(무거울)으로 가는 것이다. 무거웠던 영상이 URL화 되면서 가벼워지고, 그것이 고객이나 상대에게 전해지면 받는 감동은 묵직하게 된다는 말이다.

위 개념들을 잘 녹여서, 그대가 진정한 '미디어가 되라.'

소비적인 미디어가 아닌 주체적이고 능동적인 미디어가 되길 바란다.

영상에 대해서 정말 아껴둔 노하우를 공개하고 싶다. 거의 8년 전한 강사님에게서 얻은 인사이트를 바탕으로 정리해보았다. 1시간짜리 영상을 20분 만에 씹어먹고 나의 콘텐츠에 녹일 수 있는 방법이다.

'곰 플레이어Gom Player'라는 프로그램을 활용하는 방법이다. 곰플레이어를 통해 영상을 실행한다. 이때 좌측 상단에 'GOM Player' 버튼을 마우스 우 클릭을 하면 여러 가지 단축키가 보인다. 이때 재생에서는 Z(기본 재생 속도), X(재생 속도 느리게), C(재생 속도 빠르게) 등 3가지 단축키를 알면 된다.

흔히 우리는 영상을 정속도로 실행한다. 이 때 'C'를 누르면 재생속도가 빨라진다. 2.5배속까지 해시 들으면 처음에는 잘 안 들리지만 갈수록 익숙해지면서 빠른 속도임에도 들을 수 있다. 이때 중요한것이 바로 'Ctrl+E'를 활용한 '현재 화면 저장'이다. 빠른 속도로 지나가지만 요즘 영상은 자막이 거의 삽입되어 있다. 자막이 바뀔 때마다

'Ctrl+E'를 누르면서 마지막까지 영상을 속 시청(빠르게 보고 듣기)하면서 중요 장면을 읽어 들인다.

이렇게 캡처가 된 이미지들은 '파일 탐색기'에서 '문서'에 '곰 플레이어'에서 'Capture' 폴더에 저장이 된다. 자, 혹시 감이 오는가? 이 사진들을 어떻게 하면 될까? 바로 PPT 사진앨범 정리 기능을 활용하면 된다.(PPT 사진 앨범 챕터 참고)

그렇게 하면 캡처된 수많은 사진들이 PPT속에 사진으로 위치 이동이 된다. 그럼 그 사진들을 보면서 뺄 것 빼고, 순서나 수정을 한 후 저장해둔다. 출력을 할 때도 사진 1장이 출력되게 할 수도 있고, 2~32장의 편집된 자료로 출력이 가능하다.(프린터기 사양에 따라 제각각 다름)

'디지털로 승부하지 말고, 아날로그로 승자가 되길.'

출력된 이미지들을 통해 지나가는 영상을 시청하는 게 아니라, 중요한 장면을 출력해서 제대로 '견문'해 나간다면 더욱 깊은 영감을 받을 수 있을 것이다.

미디어가 중요해진 시대에 이제 '영상 정리력'을 어떻게 활용하는지가 당신의 경쟁력이 될 것이다.

'지금 당신이 미디어가 되라!'

27

진격하라, 그리고 오모테나시하라, 관계 정리력

좋은 상품을 잘 광고해서 잘 판매하는 것이 중요해진 시대이다. 그것보다 더 중요한 것이 있다. 바로 관계 정리력이다. 21세기는 '누가 좋은 관계를 맺고, 관계를 잘 맺고, 관계를 잘 유지하고 확장하는가?'가 중요한 화두가 되고 있다.

관계 정리력에 있어서 중요한 2가지
진격의 이메일, 오모테나시가 가능한 카카오톡 채널!

뜬금없다는 생각이 들 것이다. 지금 전하는 내용을 제대로 이해하고 적용한다면 어떤 분야를 막론하고 엄청나게 생산성이 올라갈 거라 확신한다. 그 증거가 현재 저자의 생산성이다.

"진격의 이메일"

사토 덴 작가의 책《나홀로 비즈니스》에 나오는 내용 중 '메일 매거진은 진격의 미디어'라는 내용이 있다. 흔히 미디어는 트위트, 페이스북, 블로그 그리고 메일 매거진으로 구분할 수 있다. 트위터부터 블로그까지 3가지가 소위 말하는 '기다림의 미디어'이다. 팔로워나 이웃들이 알아서 와서, 관심을 가져주길 기다려야 하는 속성이다.

반면에, 메일 매거진은 '진격의 미디어'이다. 그야말로 내가 원하면 언제든 정보를 송출해서 그들에게 직접 닿을 수 있다. 어느 분야를 막론하고 이제는 '이메일 수가 나의 사업의 성장에 비례한다.'라고 외우길 바란다.

어떻게 해서든 고객들에게서 유의미한 정보인 '메일 주소'를 잘 확보할 필요가 있다. 전화번호는 고급정보이고 너무 가깝게 다가올 수 있기에 알려주기 꺼린다. 메일 주소는 그에 비해 수월하게 받을 수 있다. 여기서 중요한 것은 단순히 메일 주소 취합이 아니라, 그들에게 유의미하고 중요한 정보를 줄 수 있는 환경을 조성하기 위해서 취합을 하는 점이다.

생각해보라. 누군가가 나에게 그들이 주고 싶은 정보가 아니라 내가 갖고 싶은 정보를 그들이 준다면, 메일 주소를 꺼릴 이유가 없다. 언제나 본질을 잘 이해하는 게 중요하다.

메일은 대량으로 발송할 수 있는 강점이 있다. 추천하고 싶은 2가지 메일이 있다. 전 세계 검색의 끝판왕 '구글 메일'과 대한민국 대표 검색 채널인 '네이버 메일'이다.

2개의 차이가 있다면, 구글 메일은 대량 발송이 가능한 점이다. 네이버는 1번에 100명에게 전할 수 있다. 그래서 대량인 경우 손이 몇 번 더 가는 아쉬움이 있다.

메일을 활용할 때 작은 노하우를 전하고 싶다. 확인하고 싶은 메일을 작성하길 바란다. 확인하고 싶은 메일에는 우선 제목이 섹시해야 한다. 읽고 싶은 제목으로 정리되어야 한다. 흔히 수치나 구체적 표현, 기한 등이 들어가 있어야 한다. 더불어 자료에 이미지 정보를 추가하길 바란다. 그렇게 되면 수신인의 휴대폰이나 알림에 이미지가 뜰 수 있기에 볼 확률이 더 높아진다. 더불어 장황하게 글로만 쓰기보다는, 해당 관련 좋은 정보를 URL(링크)로 잘 전할 필요가 있다. 가급적 글 자체도 가독이 좋은 것을 활용하면 더 좋다. 이메일의 활용도만 바꿔도 생산성이 몰라보게 좋아질 수 있을 것이다. 이제부터 귀한 '메일 정보'를 취합할 수 있도록 나만의 시스템을 구축해보길 추천드리고 싶다.

"오모테나시 카카오톡 채널"

우선 《오모테나시, 접객의 비밀》에 대해서 간단히 소개해드리겠다. '오모테나시'의 사전적 의미는 다음과 같다.

신에 대한 감사의 의미를 최대한 표현하는 것

손님에 대한 환대

온 마음을 다하여 손님을 맞이하는 것

마지막 표현이 가장 중요하다. "온 마음을 다하여 손님을 맞이하는 것" 우리 말로 표현하자면 '정성 환대'라 표현하고 싶다.

"한 사람을 감동 시킬 수 있으면, 천하를 감동 시킬 수 있다."

지금은 소통이 중요하고, 만나는 사람과의 관계가 너무 중요해진 시대이다.

상종가를 달리고 있는 다음 카카오의 2가지 핵심

'카카오톡 오픈 채팅방'과 '카카오톡 채널'

오픈 채팅방은 쉽게 고객들과 큰 규모의 소통을 하고 공지를 하는 공간이다. 1대 다수에게 영향을 줄 수 있는 플랫폼이다. 여기서 개인적인 접객은 무리가 있다.

그래서 추천하고 싶은 게 바로 '카카오톡 채널'이다. 이 채널을 통해서 한 분 한 분 개별적인 관계를 시작할 수 있다. 시작된 관계가 단순히 일회성으로 끝나는 게 아니다. 계속해서 질문하고 답변하고 자료를 전해드리면서 관계의 스토리를 만들어 갈 수 있다.

기능 중 가장 핵심이 바로 메시지 전달 기능이다. 자신과 연결된 사람에게 1:1 메시지를 여러 명에게 동시에 보낼 수 있는 기능이다. 이

때 원하는 메시지 형태를 여러 가지로 선택할 수 있다. 동영상을 첨부하거나, 사진 자료로 시각화를 할 수도 있다. 더불어 링크를 통해 '고객 유입'을 할 수 있는 점이 가장 큰 매력이다.

모객은 블로그, 인스타, 유튜브로 했다면 광고는 '메일 매거진'으로, 접객은 '카카오톡 채널'로 하면 된다. 카카오톡 채널을 통해서 개인적인 접객과 관계의 스토리를 남길 수 있다면, 시간의 흐름에 따라 그렇게도 원하는 관계의 농도가 깊어질 수 있다.

《관계 우선의 법칙》에서 말하는 중요한 개념이 있다.

"가치 있는 것을 고객에게 무료로 제공하라."

이메일과 카카오톡 채널 2가지를 통해 도와주고 싶고 함께 성장하고 싶은 사람들에게 유의미한 정보를 제공하라. '메일 매거진'을 통해 진격하고 고객에게 다가가고 '카카오톡 채널'을 통해 천천히 한발자국씩 다가가면서 깊어진다면 당신의 관계 정리력은 몰라보게 향상될 것이다.

28

정리가 아니라 키워드 검색이 중요하다, 폴더, 파일 정리력

"아이 진짜 그 파일 여기 있었는데!!"

컴퓨터를 켜면 무의식적으로 드는 생각이다. 사무실에서 일하는 사람들을 보면, 폴더를 못 찾게 하기 위해서 폴더 정리를 하는 경우가 참 많다. 나도 자유롭지 않다. 그럼에도 갈수록 나아지고 있다.

결국 중요한 것은 폴더와 파일 정리의 본질은 정리가 아니라 잘 활용하는 것이다. 잘 활용하기 위해서는 잘 활용할 수 있는 것에 초점을 두면 된다.

그 방법으로 말하고 싶은 게 바로 '키워드 검색'이다. 흔히 블로그나 구글을 생각할 때 '키워드 검색'을 생각한다. 하지만 파일과 폴더야말로 검색이 중요하다. 검색을 잘하는 사람들의 특징을 보면 자신이 작성한 자료의 본질과 핵심을 잘 이해하고 있다. 당연히 그것과 관련된 키워드가 제목이나 소주제로 들어가 있기에 찾는 데 큰 어려움이 없다.

반면에 폴더나 파일명을 대충 정리해두고 키워드 검색 자체가 불가능하게 하는 사람들은 생산성이 그리 좋을 리 없다.

다시 정리하자면, 폴더나 파일은 정리보다 '키워드 검색'을 잘 할 수 있는 시스템으로 만들자는 것이다. 그렇게 하기위한 방법으로 서류 정리에서 설명했던 대중소 분류법을 활용하면 된다.

폴더의 계층을 3가지로 구분하는 것이다. 대분류는 바탕화면 또는 첫 번째 폴더에 들어가는 상황을 말한다. 가급적 정말 중요한 정보나 수시로 봐야 하는 '보관'의 성질의 자료가 위치하면 좋다.

중분류는 폴더를 클릭해서 들어갔을 때 또는 한 번 더 클릭해서 들어간 위치라고 생각하면 된다. 이 정보들 또한 중요하다. 하지만 한 번에 보이진 않기에, 대분류보다 좀 더 덜 중요한 개념으로 여기면 되겠다.

이때 중요한 팁이 있다. 바로, 별표를 활용하여 자료의 중요도를 표시하는 방법이다. 가장 중요한 것은 별표 5개(별표 5개 독서법특강)에서 별표 1개(일반적 중요도)로 구분할 수 있나. 폴너 정리 시 '자동 정렬'은 추천하지 않는다. 자동 정렬을 하게 되면 우리의 의도와는 다르게 정렬이 된다. 별 표시의 갯수에 따라 자료는 상단 좌측에 우선 배치된다. 심리학적으로 우리 시야는 상단을 가장 먼저 보게 된다. 폴더를 들어

갈 때마다 중요한 정보가 왼쪽 상단에 위치하고 있을 거라 빠르고 정확하게 찾을 수 있다.

소분류는 중분류에서 들어갔을 때 최종 원하는 자료가 파일로 위치하는 상황이다. 이때 중요한 것은 파일명이다. 여러 가지 방법이 있지만, 전하고자 하는 2가지 핵심이 있다. 하나는 제목으로 2가지 키워드를 나란히 작성하는 것이다.

파일명을 검색하는 여러 가지 프로그램 중에 'Everything'을 강력하게 추천한다. 이 프로그램을 활용하면 키워드로 자료 검색하기가 좋다. 이때 한 개의 키워드만 검색하면 검색되는 양이 많기에 2 키워드를 연속으로 검색하면 검색되는 양이 줄어들어 찾기 쉽다.

다른 하나는 날짜를 꼭 써놓는 것이다. 연월일 6자로 정리하길 추천한다. 210317(2021년 3월 17일)처럼 기입하면 된다. 이 또한 키워드 검색시 날짜를 검색하면 해당일에 진행된 미팅이나 교육 등의 정보들만 검색이 된다. 위 2가지 방법만 잘 익혀도 폴더를 5~6번 검색해서 들어가야 하는 불필요한 시간 낭비를 줄일 수 있다.

폴더 정리를 위한 폴더 정리는 이제 그만하고, 제대로 활용될 수 있는 시스템을 잘 구현해보길 바란다.

이렇게 컴퓨터 내부에 저장하는 방법이 있다면 더욱 효율성을 올려주고 생산성이 높은 방법은 외장하드 또는 파일 정리 프로그램을 활용하는 것이다. 가장 많이 활용하는 것이 외장하드, 에버노트, 노션, 구글 크롬 등이다.

이 중에서도 노션과 구글 크롬은 적극적으로 추천해 드리고 싶다. 노션이 방대한 저장공간을 지닌 게 핵심이라면, 구글 크롬은 '북마크' 바를 활용하여 업무의 '공회전' 시간을 줄일 수 있다. 구글 크롬에 북마크에 주업무, 부업무, 개인브랜딩, 진행중 프로그램등을 즐겨찾기 개념처럼 정리해두면 몇 번의 클릭을 하는 번거로움과 드디어 안녕을 고할 수 있다.

폴더와 파일 정리에 대해 다시 한번 정리해드리겠다.

모든 자료는 우선 '폐기'에서 출발하길 바란다. 이 작업이 우선 되지 않으면 자료의 홍수 속에서 길을 잃기 십상이다. 이후 폐기 되지 않은 중요 정보는 보관 또는 보존하길 바란다.

바로 눈에 보이거나 대, 중, 소 분류된 폴더에 위치하는 것이 보관이라면, 보존은 외장하드에 있어서 존재한다는 것을 알고 언제든 검색해서 찾을 수 있는 상태.

이렇게 바로 정리 정돈이 힘들 때는 보류(임시 보관)를 잘 활용하면 된다.

"빨리 '클릭'해서 파일을 찾을 생각을 버리고, 바로 '클린'해서 언제든 검색할 수 있는 시스템을 만들기를 강력 추천한다."

29

기록에서 실행으로 나아가다,
메모 정리력

'3,080만 달러!

세상에서 가장 비싼 책'

바로 마이크로소프트의 창업자 빌 게이츠가 1994년 경매에서 낙찰받은 책이다. 바로, 레오나르도 다빈치의 친필 노트 가운데 하나인《코덱스 레스터Codex Leicester》

레오나르도 다빈치 그가 누구인가?

건축가, 발명가, 화가… '다재다능의 천재' 무려 8000장의 노트를 통해 천재적 사고를 전해준 거인이다.

먼 이야기일 수 있지만, 기록이 가진 위대함에 대해서 느껴볼 수 있는 좋은 사례다.

나 역시 메모를 통해 생산성을 올릴 수 있다고 생각한다. 어느 책에선가 읽은 구절이 너무나 깊게 뇌리에 박혔다. 메모는 3가지 과정을 거친다. 눈과 귀를 통해 정보를 입력한다. 그리고 손과 입을 통해 출력을 한다. 손을 통해 기록이라는 출력을 거친다. 이때 메모가 가진 핵심적인 기능이 발휘된다. 그것이 바로 '편집'이라는 과정이다. 그냥 듣거나 보기만 할 때보다, 쓰거나 말할 때 우리 뇌는 편집이라는 고도의 작업을 거쳐 더욱 뇌가 활성화된다.

편집은 어려운 과정이다. 어렵다는 건 생각을 많이 하고 신경을 많이 써야 한다는 것이다. 어렵다는 건 정성을 들여야 한다는 것이다. 대충하는 게 아니라, 정성스럽게 하는 게 중요하다.

메모라는 게 필요한 이유는 메모가 있기에 그다음 단계가 나올 수 있다는 점이다. 그 메모가 없으면 진전이 어렵다. 더불어 메모를 하는 것보다 중요한 게 메모를 대하는 자신의 마음이다. 누가 시켜서, 대충하는 게 아니라, 내 가슴이 시켜서 하는 그런 능동적인 메모.

"메모는 종이 위에서 생각하는 것이다."

이런 메모를 3가지 단계로 구분해서 한다면 생산성이 많이 올라갈 수 있다.

먼저, 기록의 단계이다.

어떤 노드든 기록을 하는 단계이다. 이때 중요한 것은 중요한 것을 구분하고, 이후 아이디어나 자주 볼만한 것들은 다음 단계를 위해 잘 표시하면 좋다.

두 번째, 분류의 단계이다.

사업을 하거나 삶에 변화를 위한 아이디어는 이렇게 수시로 모아갈 필요가 있다. 주제별로 아이디어를 잘 분류해가다 보면 어느 정도 축적된 양이 생긴다. 축적된 아이디어를 잘 숙성시키고 세 번째 단계로 넘어가면 된다.

세 번째, 실행의 단계이다. 기록을 통한 실행 또는 개선. 이것이 생산성을 올릴 수 있는 메모의 원리다.

왜 기록하는가? 결국 어떤 행동의 개선점을 찾아 고치고, 발전점을 찾아 실행하기 위함이 아닐까? 꿈을 기록하면 꿈을 실행해서 현실이 되고, 생각을 기록하면 아이디어가 현실이 되고, 대화를 기록하면 타인의 생각이 사업상 중요한 결정적 요소가 된다. 결국 기록을 통한 실행이라고 정리할 수 있다.

9년 전부터 메모력이 상승할 수 있는 비밀을 배우고 실행하고 있다. 바로 'Hole구명'을 통한 관리다. 2019년 11월 미국에 Los Angeles에 간 적이 있다. 10일간의 해외 출장 겸 여행이었다. 회사의 대표이자 존경하는 멘토 강규형 대표, 양시온 팀장, 유성환 팀장과 동행했다.

항상 외국에 가면 강규형 대표는 3곳을 방문한다. 그 나라의 역사를 보기 위해 박물관을 가고, 현재를 읽기 위해 시장을 가며, 미래를 내다보기 위해 도서관에 간다.

그때도 우리는 바쁜 일정 중 UCLA대학교와 USC대학교를 방문했다. 가장 기억에 남던 장면은 서점에 방문하는 학생들의 모습이었다. 하나같이 5~10권의 노트를 구매하는 모습은 나에게 신선한 충격이었다. 왜냐하면 나는 대학교 다닐 때 노트를 사본 적이 없기 때문이다.

그것보다 더 충격적인 사실이 있다. 미국 학생들이 쓰는 노트는 모두 3공으로 되어있다는 것이다. 게다가 절취가 가능한 선까지 그어져 있다. 원하면 언제든지 뜯어서 3공으로 분류하고 보관할 수 있다. 사실 당시에는 그리 강한 인상을 받지 못했지만, 이후 강규형 대표가 말하는 것을 듣고 심각하게 깨달았다.

미국과 한국의 지식격차가 무려 17배가 난다고 한다. 한국에 노벨상 수상자가 1명인데 반해, 미국 전체가 아닌 시카고 대학교 1곳에서 무려 95명의 노벨상 수상자를 배출했다고 한다. 분명한 것은 한국의 학생들은 어린 시절에는 똑똑한데 시간이 지나면서는 역전이 되는 것이다. 그 이유 중 하나가 바로 지식을 관리하는 것에 분명한 차이가 있다고 본다.

적기만 하는 소비자적인 메모가 아니라, 적은 것을 바탕으로 분류하고 편집해서 재가공해 나의 지식으로 재생산해내는 생산자적인 메모를 하기를 바란다.

메모는 우뇌와 좌뇌를 동시에 활성화하는 행위다.

감사하게도, 최근에 코칭을 한 오주원이라는 학생이 있다. 주원양은 회사에서 진행하는 교육에 참석했다. 3개월에 걸쳐서 자기 스스로 주도적인 공부와 생활을 하는 방법을 익혔다. 그 과정을 통해 대학교 입학 후 한 번도 학교에 가지 못하고 맞이한 중간고사에서 4.3의 점수를 맞았다. 더 중요한 것은 2학기 시작하기도 전에 자신의 수업을 분류하고 편집할 준비를 하고 시작했다는 것이다.

대학교 시절 메모만 열심히 하는 것이 아니라, 나만의 편집을 통해 활용 가능한 지식, 분류해서 실행할 수 있는 살아있는 지식을 만들게 된다면, 어디서도 환영받는 인재가 될 것이다.

메모할 때 손과 컴퓨터로 하는 것 중 어느 것이 더 좋을까?
"너의 미래를 설계하되 펜으로 하라."

컴퓨터로 메모할 때는 8가지 손가락 운동이 있다. 반면 손으로 글씨를 쓰게 되면 무려 1만 가지 움직임이 수반된다. 더불어 중요한 것은 애착과 헌신, 의욕이 생긴다는 것이다.

"나의 죽음을 적에게 알리지 말라."는 이순신 장군의 숭고한 한 마디 역시 메모가 되어있기에 전해지는 것이다. 후세들이 제대로 살아가길 바라고, 위기에 처하여도 이겨낼 수 있기를 바라는 장군의 애정이 듬뿍 담긴 메모의 힘이 느껴진다.

오늘 지금 이 자리에 있는 당신의 역사를 잘 메모하라.

그 메모가 곧 당신의 살아있는 역사이며, 어디서도 볼 수 없는 당신의 삶 그 자체이다.

사실을 기록하는 데서 출발하라.

나를 기록하고

나를 인정하고

날을 기록하고

날을 존중하라.

꾸준히 기록된 자신을 통해 메모 정리력을 올리는 자, 즉 자기 역사서의 저자가 될 것을 미리 축하드린다.

30

그만 찍고 제대로 활용하다,
사진 정리력

'더 이상 저장공간이 없습니다!!"

휴대폰 화면에서, 컴퓨터의 바탕화면에서 자주 마주하는 모습이 아닌가?

요즘 최신형 카메라와 휴대폰의 핵심은 단연 저장공간이다. 저장공간에 따라서 가격이 올라간다고 봐도 과언이 아니다. 나 역시 자유롭지 않다. 늘 더 좋은 사양(결국 저장공간)을 찾아 비싼 대금을 치른다.

참 신기하다. 얼마나 더 많은 저장공간이 있어야 만족할까? 어찌 보면 저장공간을 다 채우기 위해서 살고 있는 삶이라 해도 어색하지 않다. 우리의 현주소를 잘 한번 들여다보길 바란다.

저장공간의 주범, 바로 사진과 동영상이다.

'언젠가 볼 것 같은데, 없으면 안 될 것 같은데…'

늘 사진과 영상을 삭제하려고 할 때 드는 생각이다.

이번에는 사진을 잘 활용하는 방법을 전해드리고 싶다. 크게 3가지 방법을 전하고 싶다.

먼저, 사진 정리를 하는 데 있어서 가장 기본기가 되어야 하는 개념이 있다. 저장 즉시 폴더와 파일명 변경하기이다.

어느 곳에서 사진을 많이 찍었다고 가정해보자. 그러면 그 사진을 어디에 보관하는가? 대부분 휴대폰에 그대로 방치? 하거나 컴퓨터로 옮길 수 있다. 어디에 있든지 휴대폰에 방치되는 현실만 피하길 바란다. 그렇게 방치된 사진들로 인해 저장공간이 없어지고, 다시 더 좋은 사양(다시 말하지만 결국 저장공간)을 찾아다니면서 돈을 낭비하지 않길 바란다. 우선 컴퓨터나 외장하드로 옮기길 추천한다. 이때 중요한 것은 사진의 이름과 폴더명을 꼭 변경하는 것이다.

우선 폴더명과 사진 파일명은 같은 이름으로 하길 추천해 드리고 싶다. 예를 들어 제주도 여행을 다녀왔을 때 사진이라면 폴더명은 [제주 2박 3일 여행(210315~210317)] 이렇게 하고, 사진 이름은 제주 2박 3일 여행이라고 정리하길 바란다. 이때 중요한 점은 제목을 하나하나 고치지 않아도 된다는 점이다.

폴더에 사진을 다 이동시킨 후 전체 선택(Ctrl+a)를 누른 후 마우스 우측키를 누르면 '이름 바꾸기(M)'을 포함한 단축키가 보인다. '이름 바꾸기(M)'를 누른 상태에서 사진 이름을 [제주 2박 3일 여행]이라고 변경해보라. 그러면 모든 사진의 이름이 한꺼번에 바뀐다. 여기서 또 하나 팁을 드리자면 원래 사진명은 그대로 두고 앞에 새로 넣을 제목을 추가하면 더 좋다.

원래 사진명에는 원본의 출처와 심지어 연월일시까지 포함되어 있다. 예쁜 사진명보다 잘 찾을 수 있는 게 더 중요하다고 생각한다면 꼭 따라주길 바란다. 잠시 책을 멈추고 컴퓨터를 켜길 바란다. 해보라. 안되면 제발 연락하시길 바란다.(jd0620@naver.com)

두 번째로 전하고 싶은 방법은 블로그를 활용하는 방법이다. 다른 좋은 매체들도 많지만, 굳이 블로그를 추천하고 싶다.

'세스 고딘'의 작품《트라이브즈》에서 블로그에 대한 새로운 정의를 알 수 있었다.

'블로그는 무료로 내가 연결된 많은 사람에게 무료로 보낼 수 있는 메일 매거진이다.'

그렇다. 문자로 보내면 비용이 발생하지만 블로그를 활용하면 인원 상관없이 무료다!! 저자의 인사이트 놀랍다. 블로그의 속성은 저장공간을 많이 가져가도 무방하다는 것이다. 다시 [제주 2박 3일 여행] 사진들을 가지고 온다. 그것들을 블로그 '글쓰기' 버튼을 누르고 사진들을 전부 가져온다. 이때도 미리 사진명이 정리가 되어있으면 금상첨

화다. 전문적으로 블로그를 쓰지 않더라도 이렇게 사진과 영상을 업로드하고, 짧게라도 멘트를 남겨두면 더욱 좋다. 제목에는 역시 [제주 2박 3일 여행]+내가 말하고 싶은 핵심적인 제목을 추가하면 된다. 공개되는 게 부담스럽다면 '비공개'로 할 수 있으니 이 또한 참 멋지지 않을까 싶다.

마지막으로 가장 아끼는 노하우를 전해드리고 싶다.

들어는 보셨을까? 'PPT 사진 앨범 정리'

좀 과장해서 말씀드리자면, 500장~1,000장의 사진을 10분 안에 정리하는 방법이다. 우리 눈은 '디지털'보다 '아날로그'에 적응이 잘 된다. 그래서 휴대폰이나 컴퓨터 화면에서 보는 사진보다 출력이 된 상태에서 더욱 감동을 하고 애착이 생긴다.

그래서 추천해 드리는 방법은 우선 같이해보길 바란다. Power Point를 시작한다. 그런 후 상단에 [삽입]이라는 키를 누른다. 혹시 밑에 '그림' 말고 [사진 앨범]이라고 보이는가? 보인다면 한번 클릭해주시길 바란다. [새 사진 앨범]을 클릭하면, [파일/디스크]가 보인다. 그것을 클릭하면 내가 가져올 사진들을 한꺼번에 선택힐 수 있다. 가져올 사진들을 클릭하여 [그림 레이아웃]을 수정할 수 있으며 이때 화면에 1장, 2장, 4장을 선택할 수 있다.

자! 화면에 사진 앨범, 이름으로 화면이 나왔는가?

'사진 앨범'을 [제주 2박 3일 여행]으로 바꾸고, 이름에 본인 이름을 넣길 바란다. 이때 또 중요한 것은 제목 옆에 6자리 날짜를 넣길 바란다. [제주 2박 3일 여행(210318)]으로 제목을 변경한 후 [다른 이름으로 저장]을 누르고 저장할 위치를 설정하면 제목이 바로 파일 제목으로 설정된다.

자 지금 알려드린 부분이 도움이 되었다면, 책 읽는 것을 잠시 멈추고, 사랑하는 가족들과의 시간, 지금까지 찍기만 열심히 해두었던 사진들을 꺼내서 슈퍼 파월 사진 정리를 실행해내길 바란다.

'사진 찍기 위해 열심히 저장공간 늘리지 말고, 힘을 받고 싶고 충전하고 싶을 때 바로 찾을 수 있고 볼 수 있는 사진 정리력을 실행하길 바란다.'

31

의지가 아니라 환경설계다, 환경 정리력

"익숙한 환경에 붙들려 있는 한, 우리는 절대 달라질 수 없다!"

2019년 읽었던 많은 책 중에서 가장 큰 영향을 준 책에서 만난 귀한 깨달음이다.

원제는 《Willpower doesn't work》

의지는 작동하지 않는다.

충격이었다.

자기 계발과 독서법 강사로서 교육생들에게 가장 많이 이야기한 것이 그들의 노력과 의지였다. 크게 생각해보지 못했던 '환경'의 힘!! 환경을 제대로 설계하면 현재 상황에서 더욱 생산성이 올라가고 좋은 성과를 거둘 수 있다.

경험했던 3권의 책에서 얻은 '환경 정리력'을 전해드리고 싶다.

첫 번째 책은 벤저민 하디의 《최고의 변화는 어디서 시작되는가》이다. 이 책에서 무엇보다 '강화된 환경'이라는 개념이 큰 도움이 되었다. 사람은 두 가지 중요한 환경, 즉 높은 수준의 스트레스를 주는 환경과 완전한 회복을 위한 환경을 필요로 한다. 의식적으로 이런 환경을 조성함으로써 몰입과 집중이 가능해진다.

높은 수준의 스트레스를 주는 환경에 '유스트레스eustress'라고 하는 긍정적인 스트레스가 있다. 우리를 더욱 강하고 한계에 도전하게끔 만들어 준다. 흔히 올림픽 메달리스트, 동기부여가 제대로 된 학생들을 생각하면 된다.

나 역시 현재 〈정리력〉이라는 책 이전에 강의 콘텐츠를 만들었다. 무려 1년 4개월이라는 시간이 걸렸다. 당시 극도의 스트레스를 받았다. 그럼에도 불구하고 힘들다는 생각보다 행복함에 빠졌다. 자존감이 올라가고 뭔가 할 수 있다는 생각이 들면서 더욱 몰입하고 끝내 〈오피스 파워 정리력〉이라는 정리에 관한 유료 강의 콘텐츠를 오픈하게 되었다. 현재 20기 총 600명 정도의 분들에게 영향을 줄 수 있게 되었다. 이후 관련된 책을 집필하게 되었고 그 결과로 첫 번째 책인 《어쩌다 도구》가 출간되었다. 더불어 지금 쓰고 있는 책도 쓰게 되었다.

'남이 시켜서 하면 노가다, 내 가슴이 시켜서 하면 프로젝트'

남이 나를 시키게 하지 않을수록 좋다. 대신 긍정적인 스트레스를 받아 가면서 몰입과 집중을 경험하길 바란다. 더불어 강화된 환경은 휴식과 회복을 위한 환경이다. 일과 운동, 업무와 가정생활을 잘 균형

있게 진행할 수 있어야 한다.

3P자기경영연구소는 업무의 강도가 높다는 소문이 있다. 솔직히 내부에서 일하면서 이제는 익숙해져서 그렇게 많이 못 느끼지만, 외부에서 보면 그렇게 느낄 수 있다.

회사에서 2010년부터 단무지라는 프로그램을 진행해왔다. '단순, 무식, 지속' 2박 3일간 책만 읽는 말도 안 되는 독서 엠티이다.

강규형 대표님과 직원들은 10일간 미국 투어, 몽골 투어, 중국 투어 그리고 전 직원을 두 개조로 나눠 홍콩을 4박 5일간 다녀왔다. 투어를 통해 강 대표님의 생각을 이해하게 되었다. 휴식과 회복을 위한 환경의 중요성을 실천함으로 직원들에게 보여주고 계셨다.

"놀 때 놀고, 일할 때 미쳐서 일하고!!"

뭐든 어설프면 안 된다. 일만 열심히 해서도 안 되고, 너무 놀기만 해도 안된다. 휴식과 회복을 제대로 넘나들 수 있는 강화된 환경을 잘 적용하길 바란다.

두 번째 책은 김승호 대표의 《생각의 비밀》이다.

"내 생각을 끊임없이 자극할 만한 환경만 만들어주면 무엇이든지 얻게 된다는 것이 내 경험의 소산이다." 김승호 대표는 본인이 원하는 목표를 이루기 위해 이메일 비밀번호를 '300개매장에주간매출백만불'이라고 사용했다. '300roaowkddpwnrksaocnfqoraksqnf' 실제 타이핑을 친 모습이다. 이걸 만약에 휴대폰으로 한 글자씩 친다고 생각해보자. 극도로 예민해진다. 한 글자라도 오타가 나면 틀리기 때문이다. 이렇게 생각할 수밖에 없는 환경을 만들어버린 것이다.

현재 컴퓨터의 비밀번호는 "ehrtjtkdjqqnaocnf10djr!"이다.

'생각하려고 하면 지는 것이다. 생각될 수밖에 없는 승자의 생각법을 가지자.'

컴퓨터 바탕화면, 휴대폰 잠금화면, 냉장고 앞에 자석으로도 목표를 가시화했다.

'원시음'

'원하는 것을 시각화하고 음성화하라!'

보도셰퍼의 《멘탈의 연금술》에서 원하는 것을 얻는 방법으로 이야기한다.

'보려 하지 않아도 보이고
나타내지 않아도 나타나고
드러내지 않아도 드러나고
애쓰지 않아도 사랑받도록'

마지막 책은 작지만 강력한 인사이트를 준 책이다.

《행동을 디자인하라》이다.

사진을 보면 어떤 생각이 드는가?

'살 수밖에 없는 욕구!!'

한 권만 없어도 이가 빠진 느낌.

이제는 일상이 된 화장실 풍경. 남자 화장실 소변기에는 어김없이 파리들이 붙어있다. 인간의 목표 달성 본능을 건드린 것이다.

놀이공원에서 길을 가다가 오른쪽에 긴 원통이 있다. 어떻게 반응할까? 시키지 않았는데 모든 사람은 그 원통 안을 들여다본다. 원통을 통해 볼 수 있는 문구!

'오늘은 행복만 느끼시길 바랍니다.'

일전에 군부대 강의를 하러 갔다. 계단이 상당히 많았다. 계단을 오르는 내내 기분이 나쁘지 않고 신기하게 재미있었다. 왜? 당시 계단에는 평소 좋아하는 시들이 적혀 있었고, 어떤 계단에는 칼로리가 적혀

있었다. 계단을 오르는 게 아니라, 운동이 되는 것이고 시를 읽다 보면 자연스레 원하는 층에 다다를 수 있던 것이다.

마지막으로 환경 정리력을 한마디로 표현할 수 있는 2개의 문장으로 마무리 하고싶다.

'당신이 사는 방이 당신 자신이다.'

'You are what you eat당신이 먹은 결과가 지금의 자신의 모습이다.'

부디 제대로 된 환경 정리력을 통해 의지 싸움에서 지지 말고 주도적인 환경설계로 승자의 체질로 갈아타길 바란다.

32

미디어가 되라, 미디어 정리력

"미디어가 될 건지, 미디어를 볼 건지!"

《아이엠 미디어》하대석 작가님의 책에서 너무나 큰 충격을 받았다. 앞으로 인류는 2가지로 분류될 거라는… 자기 삶 자체가 미디어로 축적이 되어서 생산적인 플러스가 될 건지, 미디어를 소비하면서 갈수록 소모적인 인생이 될 건지… 이제는 디지털 도구를 활용하고 미디어를 하는 게 선택이 아니라 필수인 시대라 생각한다.

그래서 이번에는 미디어를 정리하는 이야기를 전하려 한다.

먼저 유튜브, 블로그, 인스티그램, 페이스북에 관한 이야기를 드리고 싶다.

가장 중요한 것은 정체성이다. 자신이 어떤 매체에 어떤 목적을 가지고 활용을 한 것인지. 다른 사람들이 하니까, 시대의 흐름이기 때문에…. 그렇게 시작하지 않길 바란다. 흐지부지될 게 뻔하기에….

언급한 하대석 작가님 책에서 뽑은 핵심 키워드는 '축적'이라는 개념이다. 1등이 될 수 없으면 2등의 전략을 사용하라는 것이다.

'다른 사람이 잘하지 못하는 영역의 경쟁이 불필요한 것에 대한 미디어를 축적하라.'

책 속에서 귀한 인사이트를 얻었다. 미디어를 하는 데 필요한 것은 결국 '자존감'

이런 공식이 성립된다.

'단점 + 자존감 = 미디어'

첫 번째 책 《어쩌다 도구》에서 1장 제목을 '흑역사가 아니라 흙의 역사'로 썼다. 학점을 1.41을 맞았고, 대학교를 10년이나 다녔다. 독일어를 10년 배웠지만 겨우 1개의 문장을 외울 뿐이다. 급여를 28만원 받는 보험설계사이기도 했다. 7,000만원 되는 목돈을 6개월만에 1300만원으로 만드는 놀라운 흑역사도 있다.

어머니 송계순 여사의 아낌없는 믿음과 지원으로 '자존감' 하나는 자신이 있었다. 오래 걸리긴 했지만, 흑역사를 흙이 되고 토양이 되는 삶으로 이겨냈다.

그 이야기들이 지금은 강의나 책에서 귀한 '미디어'로 탄생되고 발전되고 있다.

그러니 무엇을 어떻게 할 것인지를 고민하지 마시고, 자신의 가장 부족하고 나약했던 점을 슈퍼 자존감과 함께 편히 출력해보길 바란다. 이때 말을 통한 표현이 편하다면 유튜브를, 사진이나 짧은 글로 표현을 잘한다면 인스타그램을, 글로 표현하는 게 자연스럽고 좋다면 블로그를 하길 바란다.

핵심은 이것저것 대충하지 말라는 것이다.
'기본이란 누구나 알지만, 아무나 지속할 수 없는 것!'
기본이 중요하다. 하지만 지속이 더 중요하다. 자신이 지속할 수 있는 미디어를 선택하길 바란다. 한 가지에 능숙해지면, 자연스레 다른 미디어에도 연결이 된다.

예를 들어 블로그 이웃이 5,000명이라고 생각해보라. 그러면 이벤트를 할 수 있다. 자연스레 유튜브나 인스타그램 등의 미디어에 팔로워나 구독자를 늘리는 전략적 행동으로 다른 미디어로 복제 확장이 가능하다.

또 하나의 귀한 인사이트를 전하고 싶다. 고결한 수업의 강사이자, 《내 운명은 고객이 결정한다》의 박종윤 작가의 강연에서 깨달은 것이다.

'휴대폰이 아니라, 방송국이고 미디어다.'

그렇다 언제든 글을 쓸 수 있다. 참고로 지금 이 글은 아들과 함께 온 '키즈 카페'에서 떡볶이를 앞에 두고 쓰고 있다. 언제 어디서든 키보드와 휴대폰만 있어도 내가 원하는 글을 발행할 수 있는 것이다.

지금 마음먹고 유튜브 발행을 누르고 1~3분 영상을 찍어서 업로드할 수 있다. 인원 상관없이 사람들에게 영상을 송출하는 방송국 대표가 될 수 있다.

이제는 유튜브, 인스타그램, 블로그를 한다는 인식을 내려놓길 바란다. 그대 자체가 방송국이다. 당장 블로그에 3줄이라도 글을 올려라. 당장 자신의 삶을 영상으로 남겨서 유튜브에 올려보길 바란다.

다른 미디어보다 추천하고 싶은 것이 바로 '유튜브 블록'이다. 최고의 출력은 입과 손을 통해 가능하다.

"입을 통해 유튜버가 되고, 손을 통해 블로거가 되라."

그대는 대단하지 않다. 처음부터 완벽함을 도모하지 마라. 베스트셀러가 아니라 퍼스트 셀러, 퍼스트 업로더가 되길 바란다.

누구나 한번은 정리력을 경험한다

신기한 일이다. 6월 20일이 생일인 나는 생일을 다른 나라에서 보내는 적이 많았다.

세 번은 몽골에서, 그리고 이 글을 쓰고 있는 지금은 독일!

첫 번째로 출간한 《어쩌다 도구》를 집필할 때 몽골에 간 적이 있다. 몽골이라는 나라는 참 인사이트를 많이 던져준다.

꿈 몽夢, 목표를 나타내는 골Goal

꿈을 가지고 목표를 달성하는 것의 중요성을 생각하게 되었다. 그 몽골이 이번 책에서도 중요한 인사이트를 준다.

몽골이 대륙을 확장할 수 있었던 원동력이 바로 '정리력'

그들은 철지히 버리고 비우고 내려놓았다.

심지어 평상시 입고 있는 의복 자체도 전투에 최적화해 이동도 수월하게 하고, 저녁에는 수면의 환경을 만드는 이불 개념으로 활용할 수 있다. 성과를 내기 위해 정리가 얼마나 중요한지 깨닫게 된다.

시간이 지나 지금은 프로세스 강국 독일로 가고 있다.

지금 이곳은 프랑크푸르트Frankfrut로 가는 루프트한자Luft Hansa 비행기 자리 C31석이다.

작은 등을 켜놓고 한 글자씩 정성스레 마무리를 하고 있다.

2019년 1월 첫 번째 책《어쩌다 도구》, 그 후 5년 또 다시 초정리력을 통해 성장 중이다.

5년 전보다 더욱 핵심을 보려 하고 본질을 고민하다 보니 집중의 힘이 더욱 강력해지고 있다. 부디 이 책을 통해 더 많은 분이 인생의 행복감을 느끼길 바란다. '정리력'을 발휘하면서.

감사를 모르는 사람에게 미래는 없다.

마지막으로 감사한 분들을 정리해본다.

2013년부터 늘 인생의 멘토이자 스승으로 곁에서 삶으로 알려주시고 성장하게 도움 주신 강규형 대표님, 자칫 세상에 나오기 힘들뻔한 이야기를 출간할 수 있게 도움 주신 누구보다 감사한 류경희 전무님

〈3P자기경영연구소〉라는 울타리 내에서 함께 성장하고 동고동락해준 감사한 동료들.

그중에서도 생각이 흐트러질 때마다 중심을 잘 잡아준 홍지숙 마스터님께 감사드린다.

누구보다 이 책의 완성도를 올려준 이선영 코치, 송이슬 코치와 김휘정 코치에게 진심으로 감사드린다.

자칫 글로만 전해질 어려울 수 있는 이야기에 핵심과 본질을 잘 정리해서 이미지로 표현해준 잼잼 최혜정 코치에게 진심으로 감사드린다.

인생의 정점에서의 경험과 노하우로 건강에 대한 핵심을 전해주시고 사업적으로 더 큰 사람되게 이끌어준 피엠 인터내셔널 손서영 Joy 그룹 대표, 정다겸 대표, 양원근 대표에게도 감사를 전한다.

더불어 많은 이들의 건강을 지키게 도움 주고 있는 Joy그룹 수많은 리더에게도 감사를 전한다.

다음 세대의 환경까지 생각하고 준비하고 해결하기 위해 부단히 노력하고 있는 'H & Y Tech' 최형호 대표, 박래은 박사, 오강정혜 대표에게도 감사드린다.

11년간 누구보다 아껴주고 헌신해준 윤혜란, 그리고 세상에 하나뿐인 짜식, 준후에게도 감사드린다.

한 번뿐인 인생!!

초성리력을 통해 이번 인생의 참 주인공으로 나시 도약하길 바라며 마무리를 한다.

진짜 인생은 이 책을 읽고 나누고 실행하고 주변에 공헌할 때 제대로 시작된다!!

2023년 6월 20일 42번째 생일날,
독일 프랑크푸르트로 향하는 루프트 한자 비행기 안에서

정리가 필요해

66t(톤)

정확히 66,576kg을 버렸다. 3,000여명 직원이 1인당 22kg을 버린 셈이다. 본사 1층~9층 각 부서, 외부에 있는 각 브랜드 등 54개 팀이 대상이다. 1997년 7월에 정리, 8월 정돈, 9월 청소, 10월 생활화, 11~12월 초관리로 각각 1달씩 진행해 리더교육, 진행, 평가, 시상을 했다. 그룹 전사적 관점에서 F.S 운동을 핵심 경영 전략으로 삼아 그야말로 목숨 걸고(?) 6개월간 총력을 기울였다.

당시 본사 해외사업부 부서장으로 F.S리더를 맡게 되었다.

7월에 1단계(정리)를 1딜동안 진행해 진체 6등을 했다.

8월에 2단계(정돈)는 2등을 해서 우수상을 받았다.

9월에 3단계(청소)는 1등을 해서 최우수상을 받았다.

10월에 4단계(생활화)는 1등을 해서 최우수상을 받았다.

11월~12월 5단계(초관리)는 공동 1등을 했지만 상은 양보했다.

당시 삼성경제연구소에서 펴 낸《1초를 잡아라》가 발간 4개월만에 40쇄를 찍을 만큼 초 베스트셀러였다. 모나미 볼펜 스프링 제작으로 시작해 우리나라 최고의 스프링 회사가 된 삼원정공의 혁신 스토리다. 일본의 5S(정리, 정돈, 청소, 청결, 마음가짐)를 전수 받아 F.S(정리, 정돈, 청소, 생활화, 초관리)로 만들어 수 많은 한국 기업에 전수, 확산시킨 프로그램이다.

95년 2월 10일 나의 스승님이신 박성수회장님께서《1초를 잡아라》를 추천하셨다. "정직하고 깨끗해야 정신적, 영적으로 건강하다"고 강조하셨다.

키스톤 해빗(Keystone Habit)

연쇄 반응을 일으키는 힘을 지닌 습관, 즉 조직과 개인의 습관을 개조하는데 상대적으로 중요한 습관이 있다. 바로 '핵심습관Keystone habit'이다. 찰스 두히그의《습관의 힘》에 나오는 정의다.

2010년 KBS 다큐 〈습관〉은 걸작이다. 인간의 변화를 가져오는 핵심 습관으로 ①운동 ②정리정돈 ③재테크 ④일찍 일어나기, 독서를 꼽았다. '정리정돈'이 2위라는 것이 의외였지만 그로 인해 유발되는 효과가 생산성, 행복지수, 예산 통제, 절제력에 큰 영향을 끼친다고 한다. 동의가 된다.

맛깔스럽게 글을 잘 쓴다는 것은 기실 단어의 '정리정돈'이 핵심일 것이다. 그런 저자 중 한 명인 고전평론가 고미숙 저자의《아무도 기획하지 않은 자유》에 뼈 때리는 글이 있다.

> "더럽다는 것은 공간을 축소시키고 변용가능성을 떨어뜨린다는 의미에서 무능력(혹은 공간의 부르조아적 소유)의 다른 표현이기도 하다. 흔적을 남긴다는 건 단순한 무능력을 넘어 타인의 노동을 무상으로 점유하는 것이라는 점에서 일종의 착취다. 말하자면 '내 대신 네가 치워'라는 명령을 내리는 것이나 다를 바가 없다."

'착취'라는 단어가 참 오랫동안 내 뒤통수를 쫓아 다녔다. 자칫 무의식적으로라도 착취하지 않으려고, 선생, 꼰대, 교주되지 않으려고… 갑甲일때 을乙처럼 살았고, 을일때 갑처럼 당당했다.

공부의 끝 : 종결자

「무지개 원리」 차동엽 저자는 공부를 하다 보면 우선, 개념들의 위계가 보이기 시작하고 다음으로, 그 분야의 '종결자'가 보이기 시작한

초 정리력

다. 한 영역에서 종결자를 만났을 때 공부의 끝이 가까워진다고 했다.

정리정돈 분야의 종결자 또는 종결책은 무엇일까? 제레미 리프킨의 《엔트로피》, 샤를 와그너의 《단순한 삶》, 퀴스텐마허/자이베르트의 《단순하게 살아라》, 헨리 데이빗 소로우의 《월든》, 스콧니어링의 《조화로운 삶》, 법정스님의 《무소유》, 에리히프롬의 《소유냐 존재냐》 등은 '고전급' 종결책이다.

20세기 최고의 철학자 하이데거는 《숲길》에서 '심플'이 '삶의 진정한 보물'이라고 강조했다. 이를 이어 받은 독일의 예술조형학교 〈바우하우스〉의 디자인 철학을 이어 받아 스티브잡스가 애플의 디자인 철학으로 삼은 것이 '심플Simple'이다. 그래서 인류 역사에 위대한 종결자가 되었다.

요근래 정리, 정돈 관련 실용서로 초급: 마쓰다 미쓰히로의 《청소력》, 중급: 곤도 마리에의 《정리의 마법》 고급 고야마 노보루의 《아침청소 30분》은 보물같은 책이다. 각 단계의 종결책들이다. 착 달라붙는 스틱stick구절을 찾아보시라. 이 책의 저자가 소개할 것이다.

엔트로피

큰 충격과 깨달음을 주는 책이 있다. 우연히 제레미 리프킨의 《엔트로피》란 책을 읽고 밤에 잠을 이루지 못할 정도로 충격을 받았다. 처음 보는 단어였다. 열역학 제1법칙은 에너지 보존의 법칙이다. 우주

안의 모든 물질과 에너지는 불변하며 창조될 수도 파괴될 수도 없다고 가르친다.

'엔트로피'는 열역학 제2법칙이다. 물질과 에너지는 한 방향으로만 변한다. 유용한 상태에서 무용한 상태로, 획득 가능한 상태에서 획득 불가능한 상태로, 질서있는 상태에서 무질서한 상태로만 변한다는 것이다. 시간과 공간과 수평적 세계를 지배하는 법칙이다. 정치, 사회, 역사, 기후 위기, 환경 파괴를 넘어 인류 파멸까지 설명되는 법칙이다. 혈관의 콜레스테롤에서부터 질병과 비만의 뱃살까지 설명된다.

당장 업무 현장에서 넘쳐나는 서류와 자료의 홍수는 컴퓨터 바탕화면도 만만치않다. 전 직장인 의류회사에서 연간 430억원(판매가 기준)의 의류를 생산 관리하는데 새벽 6시나 7시에 출근해 밤 11시, 12시까지 일했다. 서울, 대구, 부산에 바지 공장, 남방 공장, 점퍼 공장 등 수 십개를 관리하고 인도, 스리랑카, 베트남, 중국에 대형 봉제 공장들을 관리했다. 전화와 삐삐, 팩스가 폭주하고 서류가 산처럼 쌓이고 매일 봉제 사고가 터졌다. 매일 클레임과 씨름했고 그야말로 엔트로피-무질서가 난무했다.

그래서 어떻게 해결할까를 고민했고 수 많은 양식을 만들고 바인더 체계를 잡기 시작했다. 메인 바인더와 서브 바인더는 그렇게 저절한 몸부림과 치열한 고민속에 태어난 업무정리의 기본이자 핵심이자 저(低)엔트로피다.

이제 4성(성과, 성장, 성공, 성숙)으로 전진하는 저엔트로피를 바인딩

하라. 정리하라.

4성 4 고기버(Go Giver)

⓪ 결핍: 이재덕 저자의 출발점은 '결핍'이다. 골짜기 인생이었다. 그러나 결핍은 에너지다. 전작《어쩌다 도구》추천사에 이렇게 적었다.(다시 들쳐 보시라)

> 30만명에게 강의를 했다. 저자는 그 중 하나였다. 저자는 명문대를 나온 것도, 학점이 좋은 것도 아니고, 업무에서 탁월한 성과를 낸 것도 아니다. 애교 정도를 넘어선 진한 사투리는 강사에게 치명적이다.(어쩌다 도구 P13, 태인문화사)

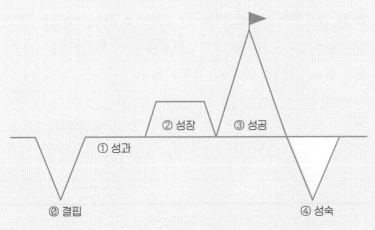

① 성과: 2013년 술이 덜 깬 채 세미나에 참석한 이래 3P강의를 섭렵했다. 지치지 않는 것이 열정이듯, 포기하지 않고 끝까지 도전했고 성과가 보이기 시작했다. 30만 명 교육생 중에 눈에 띄기 시작했다. 골짜기 인생이 평지가 되었다.

② 성장: 32세까지 책을 3권 봤지만, 지금은 1년에 100여권 이상 독서를 한다. 월급 28만원 보험설계사에서 이제 월 2~3,000만원은 기본이다. 평지를 지식으로 쌓아 언덕을 이루었다.

③ 성공: 이미 3P자기경영연구소 마스터이자 코치와 마스터를 가르치는 수석 강사이다. 독서경영, 독서리더 과정, 정리력 메인 강사이다. 5년내에 월 10억(연간 120억) 소득이 무난하다. 언덕 너머 산꼭대기 인생이 되었다. 달성될 것이다.

④ 성숙: 이재덕 저자가 하는 일의 열매가 다른 사람의 나무에서 열리길 소망한다. 골짜기, Dip딥에서 어려움을 겪는 사람들을 돕고 있다. 바인더, 독서, 정리력, 건강 등을 통해 꿈과 희망, 생명을 살리고 있다. 성공의 열매로 골짜기를 메꾸는 이재덕 저자는 이미 고기버Go Giver이다.

(주) 3P자기경영연구소 대표

(사)대한민국 독서만세(독서포럼 나비) 대표

독서혁명가 강규형

참고문헌

1   오바라 가즈히로,《프로세스 이코노미》, 인플루엔셜, 2022

2   마쓰다 미스히로,《청소력》, 나무한그루, 2007

3   켄트 키스,《그래도 Anyway》, 애플씨드북스, 2020

4   임영균,《업무의 신》, 소운서가, 2019

5   피터 F. 드러커, 프랜시스 헤셀바인, 조안 스나이더 컬,《피터 드러커
    의 최고의 질문》, 다산북스, 2017

6   사하라 미와,《방 정리 마음 정리》, 카시오페아, 2016

7   대니얼 코일,《탤런트 코드》, 웅진지식하우스. 2021

8   곤도 마리에,《인생이 빛나는 정리의 마법》, 더난출판사, 2012

9   곤도 마리에,《설레지 않으면 버려라》, 더난출판사, 2016

10 곤도 마리에,《버리면서 채우는 정리의 기적》, 더난출판사, 2013

11 세스 고딘,《더 딥》, 재인, 2010

12 고야마 노보루,《매출이 200% 오르는 아침 청소의 힘》, 위즈덤하우스,

2015

13 김승호, 《생각의 비밀》, 황금사자, 2015

14 벤저민 하디, 《최고의 변화는 어디서 시작되는가》, 비즈니스북스, 2018

15 조영덕, 《실리콘밸리의 폐기경영》, 플랜비디자인, 2018

16 고미야 가즈요시, 《칼퇴를 부르는 시간력》, 비전비앤피. 2019

17 도리하라 다카시, 《일 버리기 연습》, 마일스콘, 2017,

18 게리 켈러, 제이 파파산, 《원씽》, 비즈니스북스, 2013

19 그렉 맥커운, 《에센셜리즘》, 알에이치코리아, 2014

20 김성호, 《보이게 일하라》, 쌤앤파커스, 2016

21 이나모리 가즈오, 《어떻게 의욕을 불태우는가?》, 한국경제신문사, 2015

22 야베 데루오, 《신칸센 버라이어티쇼》, 한언, 2014

23 츠카코시 히로시, 《나이테 경영, 오래 가려면 천천히 가라》, 서돌, 2010

24 조성민, 《작은 가게 성공매뉴얼》, 라온북, 2017

25 차기현, 《이랜드 뉴 프런티어 마케팅 전략》, 이너북, 2010

26 스콧 로비넷, 클레어 브랜드, 비키 렌즈, 《감성 마케팅》, 김앤김북스, 2003

27 강규형, 《성과를 지배하는 바인더의 힘》, 스타리치북스, 2013

28 팀 페리스, 《타이탄의 도구들》, 토네이토, 2018

29 아나모리 가즈오. 《바위를 들어올려라》, 서울문화사, 2015

초 정리력

30 이가 야스요, 《생산성》, 쌤앤파커스, 2017

31 사이토 다카시, 《절차의 힘》, 좋은생각, 2004

32 마쓰이 타다미쓰, 《무인양품은 90%가 구조다》, 모멘텀, 2014

33 사토 덴, 《나홀로 비즈니스》, 이서원, 2018

34 최한우, 《오모테나시, 접객의 비밀》, 스리체어스, 2017

35 빌 비숍, 《관계우선의 법칙》, 애플씨드북스, 2020

36 세스 고딘, 《트라이브즈》, 시목, 2020

37 이재덕, 《어쩌다 도구》, 태인문화사, 2018

38 보도 섀퍼, 《멘탈의 연금술》, 토네이도, 2020

39 하대석, 《아이엠 미디어》, 혜화동, 2020

40 박종윤, 《내 운명은 고객이 결정한다》, 쏭북스, 2019